Schottland
für Whiskyfreunde

Andreas Hofer

Inhalt

Erläuterung der Symbole

Für Familien mit Kindern besonders geeignet

Diese Unterkünfte haben behindertengerechte Zimmer

CREDIT *Alle Kreditkarten werden akzeptiert*

Keine Kreditkarten werden akzeptiert

Preise für Übernachtungen im Doppelzimmer mit Frühstück:

●●●● *ab 160 £* ●● *ab 80 £*
●●● *ab 120 £* ● *ab 40 £*

Preise pro Person für zwei Gänge im Restaurant ohne Getränke, aber mit Service und Steuer:

●●●● *ab 30 £* ●● *ab 10–20 £*
●●● *ab 20–30 £* ● *bis 10 £*

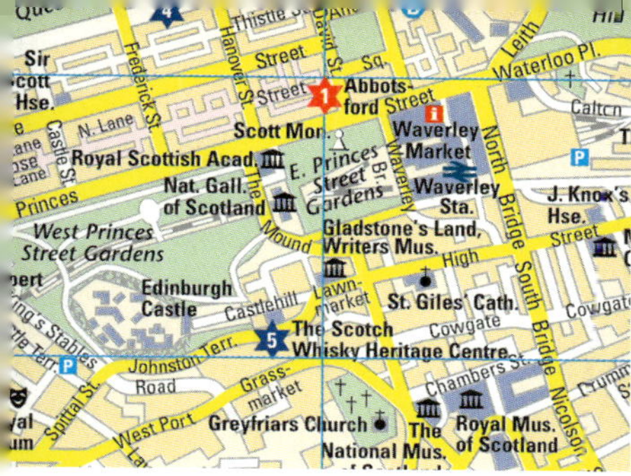

Karten und Pläne

Die Buchstaben-Zahlen-Kombinationen im Text verweisen auf die Planquadrate der Karten, z.B.

⟶ S. 118, B 21 Kartenatlas
⟶ a 1 Umschlagkarte hinten

MERIAN-Tipps
Tipps und Empfehlungen für Kenner und Individualisten
Klappe hinten ⟶

Schottland stellt sich vor

Das Eilean Donan Castle am Loch Duich wurde im 13. Jahrhundert erbaut. Die in Schottlands Nordwesten gelegene Burg diente dem Film »Highlander« als Kulisse.

»... eine der schönsten Reisen in meinem Leben, jedenfalls die poetischste. Ich habe nie Einsameres durchschritten!« (Theodor Fontane in seiner 1860 veröffentlichten Reisebeschreibung)

So schwärmte schon vor über hundert Jahren der berühmte deutsche Schriftsteller von seiner Schottlandreise. Gewiss, ganz so einsam ist es nicht mehr. Doch wer sich von den Hauptstraßen entfernt, trifft auch heutzutage nur wenige Menschen. In der Einsamkeit der »Highlands and Islands« freute man sich früher über jeden, der vorbeikam und einkehrte. In den Haupturlaubszentren jedoch herrscht im Hochsommer auch in Schottland Betrieb. Die Saison ist kurz; in den meisten Landstrichen hat das Fremdenverkehrsgewerbe nicht viel Zeit zum Geldverdienen, also auch nicht mehr so viel Zeit, um wie früher die Gastfreundschaft zu pflegen.

Andererseits geben die Schotten dem Fremden immer noch bereitwillig Auskunft: Die Wirte, die Ladeninhaber, die Busfahrer, die Polizisten und die Touristikfachleute – in den größeren Orten wird in den »Tourist Informations« häufig auch Deutsch gesprochen – nehmen sich Zeit für ausführliche Erklärungen. Den »new friend«, den man gerade kennen gelernt hat, lädt man oft spontan in sein Heim ein. Und haben Sie Malcolm oder Fiona erst besser kennen gelernt, werden Sie ihre Rücksichtnahme und Hilfsbereitschaft, ihren Humor und ihre offene Freundlichkeit zu schätzen wissen.

Sie werden allerdings auch feststellen, dass »äußere Formen« – die Tür aufhalten, den Mantel abnehmen, das Gepäck für den anderen tragen – weniger üblich sind als bei der älteren Generation. Dafür drängt sich aber auch niemand vor, weder im Laden noch an der Bushaltestelle oder am Taxistand. Im Hotel-Restaurant wartet der Gast darauf, dass ihm vom Manager oder einem Kellner (eher einer Kellnerin) ein Tisch zugewiesen wird.

Humor und Hilfsbereitschaft

Die Highland-Games bieten nicht nur Disziplinen für männliche Teilnehmer. Junge Schottinnen in typischer Tracht führen in Braemar ihre Choreographie vor.

Bei einem Schottland-Urlaub sind – außer der einsamen Landschaft – zweifellos die Menschen das Wichtigste, denn ein Teil des Urlaubs spielt sich wegen des oft kühlen, nassen Wetters zwangsläufig in geschlossenen Räumen ab. Hotelunterkünfte sind relativ kostspielig, so dass viele Ausländer Bed-&-Breakfast-Quartiere aufsuchen. Sie tun dies auch, um hinter die Fassaden der weißen, grauen oder beigefarbenen Häuschen zu blicken. Häufig mit zahlreichem Nippes geschmückt, wird der Besucher vom europäischen Festland die Einrichtung nicht gerade als geschmackvoll, eher als kurios empfinden. Aber was soll's: Solange das Bett gut ist, genug Decken bereitliegen (dies sollte man gleich bei der Ankunft prüfen), das Wasser warm aus der Leitung läuft und das Zimmer nicht als »Kühlschrank« bezeichnet werden muss. Die Schotten sind ungeheuer abgehärtet. Strahlt die Sonne vom Himmel, ziehen sie sich im Sommer gleich an, als wären sie am Mittelmeer.

Nicht jedem passt es freilich, dass im Privathaus das Radio oder der Fernseher von morgens bis abends plärrt, zumal es mühsam ist, das schottische Idiom zu verstehen. Äußert man jedoch »Would you mind turning the TV off when we talk«, wird sicherlich ein ungestörteres Gespräch zustande kommen.

Schottische Ost-West-Gegensätze

Edinburgh und Glasgow – die ungleichen Schwestern. Es heißt: Wird man in Edinburgh eingeladen, geht es in die kühle gute Stube zum Tee. In Glasgow eher in die warme Küche zum Drink. Die Einwohner von Edinburgh gelten im Allgemeinen als zurückhaltend und zugeknöpft, die Glasgower (oder »Glaswegians«, wie sie im Englischen bezeichnet werden müssen) hingegen als warmherzig und schwatzlustig. Dabei sind die Hauptstadt Edinburgh und die größte schottische Stadt, Glasgow, nur eine knappe Zugstunde voneinander entfernt.

Der Unterschied zwischen den Ost- und Westschotten ist in der Tat groß. In den südlichen »Borders«, dem Grenzland, sowie im Osten – von Edinburgh über Aberdeen nach Inverness – leben hauptsächlich Nachkommen der Einwanderer germanischer Volksgruppen, der Angeln und Sachsen, der Wikinger und Normannen und später der Niederländer und Flamen. Wenn man hier den vierschrötigen, blonden Bauern auf dem Lande begegnet, könnte man glauben, in Norddeutschland zu sein. Sie sprechen behäbig, sind verlässlich und arbeitsam. Die Keltensprösslinge im Westen haben hingegen fast immer Zeit zum Plaudern. Der Abend beim »ceilidh« (Keli) – bei Unterhaltung, Musik und Drinks – kann nicht lang genug sein. Darum ist es nicht immer leicht, früh sein Frühstück zu bekommen. Manches Hochland- oder Inseldorf wirkt noch um 8 Uhr wie ausgestorben. Die Gälen, Nachkommen der schottischen Ureinwohner und Kelten, sind hellhäutig, dunkel- oder rothaarig, sentimental und genial unordentlich, was man ihnen bei ihrem Charme gerne verzeiht. Besonders in Westschottland, im einsamen Hochland, wird viel Alkohol konsumiert – dann heißt es Vorsicht bei einem Kontra, vor allem in politischer Hinsicht.

Vorwiegend auf den Hebriden, wo häufig ein altes, in die Erde geducktes, verfallenes Haus neben einem kastenartigen, alles andere als anziehenden Neubau steht, ist die Umgebung voller Unrat und verdirbt den Blick auf den herrlichen benachbarten Strand. Warum? Gewiss, es war und ist wohl mühsam, in dem steinigen Boden alte Gerätschaften zu vergraben oder den Abtransport zu organisieren. Doch, so eine Bauersfrau auf der Insel Uist: »Die rostigen Autos, die Flaschen und Kannen und anderen Abfälle der Neuzeit sind wirklich unverzeihlich. Denn wir brauchen nur eine staatliche Stelle anzurufen, und der Müll wird abgeholt. Aber wer tut's schon?« Zum Trost ist ab und zu ein rostiges Stück Wellblech oder ein Pflug längst mit Gras und Moos überwachsen und lässt sich als gemütliche Bank benutzen.

Landschaftliche Vielfalt auf kleinstem Raum

Jede Schottland-Reise sollte in Edinburgh beginnen oder enden. Die beliebteste Region ist das westliche Hochland mit den meisten der 1700 schottischen Seen. Aber auch die »Borders« sollte man nicht zu schnell durchqueren, die zahlreichen kleineren Schlösser der Gegend von Aberdeen nicht auslassen. Vielleicht die Einsamkeit der Hebriden aufsuchen, die tausend steinernen Relikte aus vorgeschichtlicher Zeit und die einzigartige Seevogelwelt auf Orkney und Shetland erkunden.

Die »bens« sind die Berge, die »glens« die Täler und die »lochs« die Seen des Landes: gälische Namen, im Idiom der keltischen Vorväter. Offiziell beherrschen noch 70 000 Schotten **Gaelic**, in Wirklichkeit zweifellos bedeutend weniger. Die jungen Leute sprechen bereits in erster Linie Englisch und wollen lieber eine Fremdsprache lernen. Allerdings sind sie damit nicht besonders erfolgreich. Die ganze Welt spricht Englisch, warum soll man sich da anstrengen. Können die Schotten Deutsch, so ist ihre Aussprache freilich recht gut, was für ihr Englisch nicht unbedingt gilt. Zwar behaupten die Einwohner von Inverness, der Hauptstadt der Highlands, das reinste Englisch überhaupt zu sprechen – mit dem an deutschen Schulen gelehrten Oxford-Idiom hat das allerdings herzlich wenig zu tun.

Vorurteile und Wirklichkeit

Es kursieren ein paar Gerüchte über Schottland, beginnen wir beim Wetter. Es ist, vor allem im Osten, besser als sein Ruf. Obwohl es kaum je sommerlich heiß ist, regnet es auch nicht viel. Windig ist es allerdings meistens und überall. Auch Speisen und Getränke (Kaffee!) sind merklich besser geworden. Die Qualität der Zutaten war allerdings schon immer erstklassig. In den letzten zehn Jahren ist eine neue Generation von Küchenchefs herangewachsen, die weiß, wie man die heimatlichen Schätze zu behandeln hat. Doch muss der Urlauber wissen, wo er einkehren sollte. Es auf gut Glück zu versuchen ist immer noch ein Risiko. Darum sind in diesem Reiseführer Hotels und Restaurants angegeben, die sich einer guten Küche rühmen.

Bleibt der sprichwörtliche Geiz. Sind sie wirklich geizig, die Schotten? Nein, sie sind es nicht. Der Ruf der Knauserigkeit soll von den Engländern, den »Bösen«, stammen, die die nördlichen Brüder schon immer gerne foppten. Fest steht, dass Schottland immer ein armes Land war, ein Land der Hirten, Fischer und Kleinbauern. So ist es verständlich, dass auch die schottischen Edelmänner, die Anfang des 17. Jahrhunderts im Gefolge von James VI. von Schottland (dem späteren James I. von England) nach London umsiedelten, sich nicht das kostspielige Leben ihrer englischen Mithöflinge leisten konnten. Vielleicht waren sie zu stolz, ihre missliche Lage zu offenbaren, und zogen es vor, als geizig zu gelten?

Es gibt Woll- statt Steppdecken, und vielen ist das Frühstück zu fettig. Vielen Besuchern ist das Wasser zu kalt oder die Sonne scheint zu bescheiden. Dann der ewige Wind und obendrein Mücken von Mitte Juni bis Mitte August im feuchten westlichen Hochland. Manchmal ist am Abend auf dem Lande zu wenig los.

Der Liebhaber schwärmt dagegen von der herben Landschaft, der sagenumwobenen, nebligen Welt voller Helden, Zauberer, Feen und der wilden Hochlandclans. Der Kunstliebhaber, aber auch der an Geologie, Archäologie, Geschichte, Architektur und Ornithologie Interessierte kommt neben Sport- und Naturfreunden auf seine Kosten. Und wer einmal in Schottland war, kommt bestimmt immer wieder.

Whisky – »Wasser des Lebens«

Bei Getränken hat Schottland ein weltweit bekanntes Spitzenprodukt zu bieten: Whisky. Kenner schätzen vor allem den Single Malt Whisky. Hier geht es um Whisky, der zwar aus verschiedenen Jahrgängen verschnitten werden kann, doch immer aus nur einer Brennerei stammt und ausschließlich mit gemälzter Gerste hergestellt wird. Solche Sorten haben ausgeprägte Geschmackseigenschaften, die mit Herstellungsort oder -methode zusammenhängen. Je nachdem, ob das Wasser einer Gegend über Torf- oder vielleicht über Granitboden fließt, fällt der Geschmack stark unterschiedlich aus. Auch die Form der Brenngefäße, die in jeder Brennerei eine andere Gestaltung und Größe haben, wirkt sich auf das Ergebnis aus, wie man bei Besichtigungen der diversen Destillerien sehen kann. Lange Jahre behielten die Schotten diese Single Malts für sich und waren überzeugt, diese so eigenartigen Spirituosen könnten international keine Anerkennung finden. Der Blended Whisky, ein Verschnitt der Erzeugnisse verschiedener Hersteller mit einem Anteil aus nichtgemälzter Gerste, wurde am meisten verkauft. Als dann ein Single Malt der Marke Glenfiddich doch erfolgreich in alle Welt exportiert wurde, erkannten auch die anderen Brennereien das Potenzial ihrer Produkte. Wenn man sich in der Region Speyside oder auf der Insel Islay aufhält, dann sollte man den Besuch einer Brennerei nicht auslassen, denn hier findet sich die größte Konzentration führender Hersteller. Wer nicht in diese Gegenden kommt, kann sich in Edinburgh im **Whisky Heritage Centre** rund um das Nationalgetränk, das gerne als »Wasser des Lebens« bezeichnet wird, informieren.

Die Grampian Mountains laufen in herrliche Landschaftsformen aus: das Tal Glen Coe südlich von Fort Williams.

Gewusst wo ...

Als Sitz der Grafen von Atholl wurde das Blair Castle im 13. Jahrhundert an strategisch günstiger Stelle zwischen Perth und Inverness erbaut. Die pompösen Säle dienen heute auch als Raum für Hochzeiten und große Feste.

Möchten Sie in einem Castle übernachten und einen Designer-Schottenrock kaufen? Oder fangfrischen Fisch und köstliche Wildgerichte genießen? Alles Wichtige darüber erfahren Sie hier.

Übernachten

Die Palette reicht vom luxuriösen Landhaushotel bis zum Bed & Breakfast mit Familienanschluss.

Das Hotel Cairngorm in Aviemore ist nach dem nahe gelegenen Gebirgszug benannt und stellt einen optimalen Standort für Ausflüge in die Grampian Mountains dar.

Wer echte schottische Gastfreundschaft erlebt, erkennt rasch, dass am sprichwörtlichen Geiz der Schotten nichts dran ist. Auch wenn es vereinzelt altmodische Hotelbetriebe gibt, die eine kundenorientierte Einstellung noch nicht verinnerlicht haben, erwartet den Gast meist ein herzlicher Empfang.

Am oberen Ende der Skala halten Golf- und Landhaushotels eine lang etablierte Tradition des gediegenen Luxus hoch. Vor allem weltberühmte **Golfplätze** wie St. Andrews, Gleneagles und Muirfield ziehen wohlhabende Besucher zu den angeschlossenen Hotels, während zu Herbergen umgebaute Landhäuser ihren Kunden beliebte Highland-Aktivitäten wie die Jagd und das Angeln in herrlicher Umgebung anbieten.

In Glasgow und Edinburgh findet ein weltoffenes Publikum, das sich in moderner Umgebung verwöhnen lassen möchte, Designer-Hotels mit kreativer, geschmackvoller Einrichtung.

MERIAN-Tipp

1 Gleneagles Hotel

Eines der weltweit berühmtesten Golfhotels mit drei 18-Loch-Golfplätzen, einem 9-Loch-Platz und vielen weiteren Sportangeboten in einem wunderschönen, 350 ha großen Park. Das Restaurant des Starkochs Andrew Fairlie (Tel. 0 17 64/69 42 67) gehört zu den besten des Landes.

24 km südwestl. von Perth; Auchterarder, Tayside; Tel. 0 17 64/66 22 31, Fax 66 22 34; www.gleneagles.com; 222 Zimmer ●●●● CREDIT S. 114, B 16

Üppiges Frühstück inbegriffen

Bed & Breakfast bietet die Möglichkeit, das Leben schottischer Familien aus nächster Nähe zu erleben. Hier kann man mit einem üppigen Frühstück rechnen und nicht selten in einem Zimmer übernachten, das so komfortabel wie ein Hotel der Mittelklasse ist. Wenn man bereit ist, zu Gunsten einer ursprünglichen Atmosphäre auf das letzte Quäntchen Komfort zu verzichten, finden sich auf dem Lande noch **Clan-Burgen**, deren Dachreparaturen die jüngste Generation einer alteingesessenen Familie mithilfe zahlender Gäste finanzieren will.

Familien und Gruppen finden ein reichhaltiges Angebot an Ferienwohnungen. Auch hier gibt es einfache wie auch luxuriös eingerichtete Häuser in verschiedenen Preisklassen.

In Schottland ist das Frühstück meistens im Preis inbegriffen. Vor allem an Wochenenden sind die Übernachtungspreise in den Stadthotels bedeutend niedriger. In der Hauptsaison (Mitte Juli bis Mitte August), im Hochland und auf den Inseln ist es ratsam, ein Zimmer vorzubestellen. Über die Tourismusorganisation Visit Scotland kann man sich telefonisch und online informieren und buchen: Scottish Booking & Info Centre, Livingston; www.visitscotland.com. www.luxuryscotland.co.uk ist eine Quelle für Unterkunft der oberen Klasse. Unter dem gemeinsamen Dach Scotland's Personal Hotels (www.scotland-hotels.com) haben sich Hotels mit dem Anspruch zusammengefunden, dem Gast ein individuelles Ambiente zu bieten. Wer **Bed & Breakfast** sucht, wird unter www.scotlandsbestbandbs.co.uk (auch deutschsprachig) sicher fündig.

Die Anbieter von **Ferienwohnungen** sind zahlreich: Scottish Country Cottages (www.scottish-country-cottages.co.uk) hat 400 Häuser im Programm. Für Qualität bürgen die Unterkünfte von Ecosse Unique (www.uniquescotland.com) und Mackays' Agency (www.mackays-scotland.co.uk).

Empfehlenswerte Hotels und andere Unterkünfte finden Sie jeweils bei den Orten im Kapitel »Unterwegs in Schottland« beschrieben.

Essen und Trinken

Ein deftiges Frühstück stärkt für den Tag und ist die beste Grundlage für ein Whisky-Tasting.

In schottischen Hotels kann man sich auf ein reichhaltiges Frühstück und unkomplizierte Geselligkeit verlassen.

Die gute Nachricht für Schottland-Reisende: Die dortige Gastronomie wird mit einem schwierigen Erbe fertig. Das Land war jahrhundertelang eine arme Region. Hier liegt der Ursprung des Mythos des »geizigen Schotten«. Engländer merkten, dass ihre Nachbarn zu einem sparsamen Lebensstil gezwungen waren. Man sagte den Highland-Kriegern nach, sie könnten den ganzen Tag marschieren und mit nur einer Hand voll Hafer auskommen. In neueren Zeiten hielt man der von der Arbeiterklasse geprägten Gesellschaft vor, ohne Geschmack und Verstand zu essen. Tatsächlich sind Essgewohnheiten in den Arbeitervierteln der Albtraum jeden Ernährungsberaters. Wer den frittierten Mars-Riegel erlebt hat, kann dies bestätigen.

Durch das wirtschaftliche Wachstum, das seit den 90er-Jahren ungebrochen anhält, genießen viele Schotten den Wohlstand. Eine trendbewusste Mittelschicht hat die Küche Frankreichs und Italiens kennen gelernt und bevorzugt kreative Gerichte im schicken Restaurant. Die Voraussetzungen für kulinarische Hochleistungen sind gegeben. Die Flüsse, Meere und Lochs sind voll mit **Meeresfrüchten und Fisch**. Die grüne Hügellandschaft liefert vorzügliches **Lamm- und Rindfleisch**. Sogar der Hafer erweist sich als Köstlichkeit, wenn man zum Frühstück einen mit Sahne zubereiteten **Whisky-Porridge** bestellt, der mit dem schweren Haferbrei von einst nur wenig gemein hat. Gut gestärkt lässt sich der Tag mit einem »Scottish Breakfast« an. Dazu gehören neben Speck, Eiern und gebratenen Würstchen häufig Gerichte wie »black pudding« (Blutwurst), »porridge«, »kippers« (geräucherter Bückling) oder »arbroath smokies« (geräucherter Schellfisch). Eine andere Variante ist das »Continental Breakfast«: halb so teuer wie das schottische und auch nur halb so üppig und gut.

Traditionsbewusst: Haggis und Whisky

Sucht man beim Hauptgericht eine **landestypische Spezialität**, bietet sich neben Rindfleisch auch Wild an. Gut zubereiteter »grouse« (Moorhuhn) schmeckt köstlich, auch Fasan steht auf vielen Speisekarten. Das **Nationalgericht** der Schotten heißt »haggis« und besteht aus Schafs- oder Schweine-Innereien. Dazu werden Kartoffelbrei und »turnips« (Steckrüben) gereicht.

Deftig und preiswerter als im Restaurant isst man in den schottischen Pubs: Burger, Pizza, Pasta oder Steaks. Auch kommt man hier leicht mit den Schotten ins Gespräch. In gehobenen Restaurants findet man oft gewagte Kompositionen.

Empfehlenswerte Restaurants und andere Lokale finden Sie jeweils bei den Orten im Kapitel »Unterwegs in Schottland«.

MERIAN-Tipp

2 The Peat Inn

Man nehme die frischesten Zutaten der Saison aus Schottland und lasse sich von Köchen aus Frankreich inspirieren. Als das Ehepaar Wilson vor 30 Jahren eine Dorfkneipe übernahm, war dieses Erfolgsrezept eine neue Idee. Seitdem hat The Peat Inn, 1985 als erstes schottisches Restaurant mit einem Michelin-Stern ausgezeichnet, viele Nachahmer gefunden. Fisch und Meeresfrüchte, Wild und Lammfleisch nehmen einen wichtigen Platz auf der Speisekarte ein. The Peat Inn ist bis heute eins der besten schottischen Restaurants.

Peat Inn, Cupar, Fife;
Tel. 0 13 34/84 02 06, Fax 84 05 30;
www.thepeatinn.co.uk; So/Mo geschl.; 8 Zimmer ●●● CREDIT

→ S. 114, C 16

Einkaufen

Tweed, Wollpullover und Schals im Schotten-Karo bieten guten Schutz gegen schlechtes Wetter.

Noblesse oblige: Geschäfte in Edinburghs berühmter Royal Mile fühlen sich ihrem Ruf verpflichtet und bieten wahrhaft Königliches.

Wer im Urlaub ein ungewöhnliches Mitbringsel sucht, hat in Schottland gute Erfolgschancen. Es ist allerdings schwierig, in heimischen Geschäften unbekannte Artikel zu finden, denn Spezialitäten wie die köstlichen **Butterkekse** (»shortbread«) finden inzwischen international Verbreitung, und der Malt Whisky hat in der ganzen Welt Kultstatus erlangt. Besonders beliebte Geschenkartikel sind **Wollsachen** und **Schottenkaros** (»Tartans«). Die besten Wollpullover

Tartans und Tweed

kommen von den nördlichen Shetland-Inseln. Das besondere Erzeugnis der Hebriden ist dagegen der **Tweed** – ein eher zeitloses als modisch-aktuelles Tuch, das aber warm hält und unverwüstlich ist. Generell bietet es sich an, die reiche Erfahrung der Schotten zu nutzen, wenn es um Schutz vor schlechtem Wetter geht. Regenmäntel, Wollschals, flauschige Flanellhemden und ähnliche Produkte mit oder ohne Schotten-Muster sind überall erhältlich.

Jeder Clan hat sein eigenes, unverwechselbares »Tartan«-Muster. Als deutschsprachiger Besucher darf man sich natürlich das Muster aussuchen, das einem gefällt: Decken und Halbdecken, »knee rugs«, mit denen man die Knie daheim auf dem Balkon oder beim Picknick bedecken kann.

Antiquitäten sind rar und teuer, aber es gibt immer noch auf den Märkten, bei den »Antique Fairs« am Wochenende oder den Auktionen, die laufend in Städten und Dörfern stattfinden, hübsche und preisgünstige Dinge aus vergangenen Zeiten zu erstehen. Kleine Antiquitätenläden bieten manchen Schatz, Kunstgalerien relativ preiswert alte und neue Bilder, Stiche und Landkarten, und immer mehr Kunstgewerbegeschäfte (»Craft Shops«) verkaufen geschmackvolle Souvenirs aus Keramik, Glas, Horn, Schaffell und Stoff. Auf den Hebriden findet man Schmuck mit keltischen Motiven, während auf Orkney und Shetland die Wikinger-Tradition handwerklich umgesetzt wird.

Schottische Lebensmittel sind beliebte Mitbringsel: Es gibt empfehlenswerte **Keks- und Kuchensorten.** Die Palette reicht vom schweren »Dundee Cake« bis hin zu ungesüßten Haferkeksen, den »oatcakes«. Die **Geschäfte** sind meistens von Montag bis Samstag von 9 bis 17.30 Uhr geöffnet. Viele Läden bieten »Late Shopping« (Do bis 20 Uhr) an.

Wer eine **Whisky-Brennerei** besucht, wird der Versuchung kaum widerstehen können, eine Flasche mitzunehmen. Hierbei sollte man wissen, dass aufgrund der hohen Steuern die edlen Malt-Whisky-Sorten auf dem europäischen Kontinent meist weniger als in Großbritannien kosten. Allerdings gibt es vor Ort verschiedene spezialisierte Läden, in denen man bis zu 700 Sorten Whisky finden kann. Die Adressen finden Sie bei den jeweiligen Orten im Kapitel »Unterwegs in Schottland«.

MERIAN-Tipp

3 Loch Fyne Oyster Bar

Die Qualität schottischer Austern und anderer Meeresfrüchte ist durch die Loch Fyne Oyster Bar landesweit bekannt. In Cairndow am nördlichen Ende der langen Meeresbucht entstand vor 20 Jahren die erste Gaststätte mit diesem Namen, mittlerweile gibt es über 20 Filialen. Das Angebot des Restaurants, und auch des angrenzenden Loch Fyne Shop, wurde um viele schottische Spezialitäten erweitert – Rindfleisch, Wild, Käse und mehr.

Tgl. ab 9 Uhr geöffnet, im Sommer bis 20 Uhr, im Winter unterschiedliche Öffnungszeiten; Tel. 0 14 99/60 02 36; www.loch-fyne.com ●● MASTER VISA

→ S. 113, E 12

Unterwegs in Schottland

Die Isle of Skye gehört zur Inselgruppe der Inneren Hebriden im Nordosten Schottlands. Die Cuillin Hills sind der spektakulärste Gebirgszug Großbritanniens: 15 Gipfel von über 900 Metern bilden eine herrliche Kulisse.

Liebliche Täler im Süden und raue Berge im Norden, Burgen an stillen Seen und Kulturschätze in den Städten – in Schottland gilt es mehr als Whisky zu entdecken.

Schottlands Hauptstadt: Edinburgh und ein Abstecher zur Glenkinchie Distillery

Die erste Route stellt die Hauptstadt **Edinburgh** vor, für die sich der Besucher einige Tage Zeit lassen sollte. Von hier aus geht es in die hügelige East Lothian Region zur nur 24 km entfernten **Glenkinchie Distillery**. Diese Brennerei ist nicht nur für ihren ausgezeichneten Whisky berühmt, sondern betreibt auch ein bemerkenswertes Museum (⇢ S. 118, C 21).

Edinburgh ⇢ S. 118, C 21

Stadtplan → Umschlagkarte hinten

Edinburgh ist mit rund 450 000 Einwohnern die Hauptstadt und der kulturelle Mittelpunkt Schottlands. Die Metropole ist zwar nach Glasgow nur die zweitgrößte Stadt Schottlands, hat aber als Sitz des regionalen Parlaments und der schottischen Regierung am Ende der 90er-Jahre wieder zu ihrer historischen Hauptstadtrolle gefunden. War Edinburgh vor zehn Jahren eher für Sehenswürdigkeiten als für leibliche Genüsse bekannt, so hat sich mittlerweile eine schicke Restaurant- und Clubszene etabliert. Auch die Einkaufsmöglichkeiten werden jährlich verlockender.

Die auf einem Felsen gelegene Festung **Edinburgh Castle** bildet den Mittelpunkt der Stadt. Um die Burg herum drängt sich die Altstadt mit den Straßen Canongate, Castle Hill und Lawnmarket, die zusammen die **Royal Mile** bilden. Entlang der »Königlichen Meile« befinden sich hohe Häuser mit zahlreichen Hinterhöfen, Durchgängen und kleinen Gassen. Seitdem sie renoviert wurden, blühen auch die Geschäfte der unzähligen Lädchen und Galerien wieder auf. Aus dem 18. Jh., der georgianischen Zeit, stammt die »Neustadt« Edinburghs. Am nördlichen Abhang des Burgfelsen, dort, wo früher einmal ein See lag, befinden sich heute die **Princes Street Gardens**. Sie sind nur ein Teil der Gärten und Parks, die Edinburgh zur grünsten Stadt Großbritanniens machen. Wie Planquadrate liegen die sich anschließenden Wohngebiete an schnurgeraden Straßen. Die ständig wiederkehrenden Fassadenelemente schaffen eine Atmosphäre architektonischer Geschlossenheit. Unterbrochen werden die Straßenzüge nur von Plätzen, deren schönster der **Charlotte Square** ist. In den klassizistischen Häusern sind Galerien und Museen untergebracht. Hier stehen Gebäude, in denen große Söhne der Stadt wohnten. In der Princes Street trifft man auf das **Scott Monument**, das dem bedeutendsten Romanschriftsteller Schottlands, Sir Walter Scott (1771–1832), gewidmet ist. Auf Größen der Literaturgeschichte trifft man aber nicht nur hier. Das Wirtshausschild von Deacon Brodie's Tavern in der High Street erinnert an William Brodie, der ein Doppelleben als Stadtrat und nächtlicher Einbrecher führte und damit dem Autor Robert Louis Stevenson (1850–1894) als Vorbild für seinen Roman »Dr. Jekyll und Mr. Hyde« diente. Höhepunkt des Jahres sind die Festspiele in den letzten drei Augustwochen. Neben dem International Festival mit klassischen Konzerten, Oper, Ballett, Theater und Ausstellungen locken das Fringe Festival für Kleinkunst und alternatives Theater sowie Jazz- und Filmfestivals hunderttausende Besucher in die Stadt.

Hotels/andere Unterkünfte

Prestonfield House Hotel

⇢ Umschlagkarte hinten, östl. f 3

Landhaus mit eigenem Park, altmodisch-luxuriöser Einrichtung und ei-

nem guten Restaurant. 10 Min. von der Stadtmitte, nahe dem Prestonfield Golfplatz und dem Berg Arthur's Seat.
Priestfield Road; Tel. 01 31/6 68 33 46, Fax 6 68 39 76; www.prestonfield.com; 26 Zimmer ●●●● CREDIT ♿

Sheraton Grand Hotel
⇢ Umschlagkarte hinten, b 3
Das viel gerühmte hoteleigene Wellness-Centre One Spa bietet mit zwei Schwimmbädern, Sauna, Hammam, Ayurveda-Massage und vielem mehr das ideale Gegenmittel zum Edinburgh-Wetter.
1 Festival Square; Tel. 01 31/2 29 91 31, Fax 2 28 45 10; www.sheraton.com; 261 Zimmer ●●●● CREDIT ♿

The Witchery By The Castle
⇢ Umschlagkarte hinten, c 2
Das kleine, exzentrische Luxushotel verwöhnt Hollywoodstars und andere Gäste mit gotischen Himmelbetten, Kaminfeuer, extravaganten Badezimmern und kirchlich-mittelalterlichen Antiquitäten in jeder Ecke.
Castlehill, The Royal Mile; Tel. 01 31/ 2 25 56 13; www.thewitchery.com; 7 Suiten ●●●● MASTER VISA

The Scotsman
⇢ Umschlagkarte hinten, d 2
Das herrschaftliche Gebäude der führenden schottischen Zeitung wurde zu einem stilvollen Hotel umgebaut. Die Zimmer sind mit Hightech-Einrichtung äußerst komfortabel, die Bar Room 399 wurde nach der Anzahl der dort angebotenen Whiskysorten benannt.
20 North Bridge; Tel. 01 31/5 56 55 65, Fax 6 52 36 52; www.thescotsmanhotel.co.uk; 68 Zimmer ●●● CREDIT ♿

The Bank Hotel
⇢ Umschlagkarte hinten, d 2
Umgebautes Bankhaus in der Altstadt. Die individuell eingerichteten Zimmer tragen den Namen berühmter Schotten – das Charles-Rennie-Mackintosh-Zimmer ist in seinem typischen linearen Dekorationsstil möbliert.
1 South Bridge; Tel. 01 31/6 22 68 00, Fax 6 22 68 22; www.festival-inns.co.uk/bankhotel; 9 Zimmer ●● CREDIT

The Point Hotel
⇢ Umschlagkarte hinten, c 3
Modern, bequem und zentral gelegen mit vernünftigen Preisen. Mit etwas Glück ist ein Zimmer mit Blick auf die Burg frei.
34 Bread Street; Tel. 01 31/2 21 55 55; www.point-hotel.co.uk; 140 Zimmer ●● MASTER VISA

The Original Raj Hotel
⇢ Umschlagkarte hinten, a 3
Alles in diesem stattlichen Haus gibt sich indisch – vom Marmorelefanten vor der Tür über die Einrichtung der geräumigen Zimmer bis hin zum Frühstück.
6 West Coates; Tel. 01 31/3 46 13 33; www.rajempire.com; 17 Zimmer ● AmEx MASTER VISA

Schottlands Hauptstadt Edinburgh hat 450 000 Einwohner und ist somit etwas kleiner als die ungeliebte Schwester Glasgow mit ihren 600 000 Bürgern.

Sehenswertes

Edinburgh Castle

···› Umschlagkarte hinten, c 2

Die über der Stadt thronende Burg entwickelte sich von der königlichen Residenz im 11. Jh. zur militärischen Befestigungsanlage. Die St. Margaret's Chapel erinnert an die Durchsetzung der römisch-katholischen Religion in Schottland, die im 11. Jh. unter Königin Margaret das keltisch geprägte Christentum verdrängte. Mit der gewaltigen Kanone »Mons Meg« wurden bereits 1558 zur Hochzeit Maria Stuarts Freudenböller abgeschossen. Neben den königlichen Gemächern können die Kroninsignien besichtigt werden. Von unbekannter Herkunft ist die mit über 90 Perlen, zehn Diamanten und mehr als 30 weiteren Edelsteinen besetzte Königskrone. Seit 1996 beherbergt die Burg den 1296 vom englischen König Edward I. erbeuteten »Stein des Schicksals«, auf dem schottische Monarchen gekrönt wurden.

April–Sept. tgl. 9.30–18, Okt.–März bis 17 Uhr; Eintritt 8,50 £

Palace of Holyroodhouse

···› Umschlagkarte hinten, e 2/f 2

Der im 17. Jh. auf die heutige Größe erweiterte Palast ist seit Königin Victoria wieder königliche Residenz. Die historischen Räume sind voller Zeugnisse einer außerordentlichen Handwerkskunst. Im Palast befindet sich zudem ein Teil der königlichen Kunstsammlung. Auch der königliche Garten ist noch erhalten und ist für den Besucher geöffnet. Vor dem Palast zwischen Holyroodhouse und der Royal Mile steht der im Jahre 2004 eröffnete und sehr umstrittene Neubau des schottischen Parlaments, ein Werk des Katalanen Enric Miralles.

Royal Mile; April–Okt. tgl. 9.30–17.15, Nov–März tgl. 9.30–15.45 Uhr; Eintritt 7.50 £

St. Giles' Cathedral

···› Umschlagkarte hinten, d 2

Edinburghs Hauptkirche – was man angesichts ihres eher bescheidenen Äußeren nicht vermuten würde – entstand bereits gegen Ende des 14. Jh. Das Türmchen, die so genannte La-

Das Edinburgh Castle war seit dem 11. Jahrhundert die Schaltzentrale der schottischen Unabhängigkeitsbestrebungen. Im Krieg gegen England wurde die Stadt 1544 fast vollständig zerstört.

MERIAN-Tipp

4 Scotch Malt Whisky Society

Im Norden von Edinburgh im Stadtteil Leith, am Hafen, hat die Scotch Malt Whisky Society ihren Hauptsitz. Dieser Verein ist nicht nur in Großbritannien vertreten, sondern auch in Australien, den Benelux-Staaten, Deutschland, Frankreich, Italien, Japan, Österreich, Schweden, der Schweiz und in den USA. Das Hauptziel der Gesellschaft ist das Aufspüren seltener Malts. Sie kauft in den Destillerien Whisky auf, füllt ihn naturbelassen in Fassstärke in Flaschen ab und verschickt diese per Post an ihre Mitglieder. Diese Abfüllungen sind in keinem Geschäft erhältlich. Die Flaschen sehen identisch aus und tragen alle dasselbe Etikett. Da die Organisation den Namen der Brennerei nicht nennen darf, können die Destillerien über eine gelistete Nummer ermittelt werden. Nur wer diese Liste kennt (www.whiskyportal.com, SMWS Code), weiß, welcher Whisky sich hinter der Nummer verbirgt. Die hauseigenen Clubräume können nur von Mitgliedern und ihren Gästen besucht werden. Neuerdings hat die Scotch Malt Whisky Society auch im Zentrum von Edinburgh (28, Queen Street), in London (19, Greville Street) sowie in Schönenwerd in der Schweiz (www.smws.ch) sehr gediegene Lokalitäten und feiert dort schottische Feste. Anmelden kann man sich unter der Internetadresse: www.smws.com; 87, Giles Street; Tel. 01 31/5 54 34 51, Fax 5 53 10 03.

⟶ Umschlagkarte hinten, c 21

terne, besteht aus acht Strebebögen und ist für viele schottische Kirchtürme typisch.

Royal Mile; Sommer 9–19, Winter 9–17 Uhr; Eintritt frei (Spende wird erwartet)

Museen

National Gallery of Scotland/ Royal Scottish Academy

⟶ Umschlagkarte hinten, c 2

Untergebracht in zwei klassizistischen Gebäuden am unteren Ende des Mound. Erstklassige Sammlung großer europäischer Meister des 14. bis 19. Jh. Stark vertreten sind die Impressionisten. Darüber hinaus Ausstellungen zur schottischen und englischen Malerei.

Prines Street; tgl. 10–17, Do bis 19 Uhr (verlängerte Öffnungszeiten während des Edinburgh Festivals); Eintritt frei

National Museum of Scotland

⟶ Umschlagkarte hinten, d 3

Die prämierte Architektur und das gelungene Ausstellungskonzept entsprechen dem Stolz der Schotten, deren Geschichte und Errungenschaften hier gezeigt werden: von Fossilien und Zeugnissen früher Siedlungen über ausgegrabene Gold- und Silberschätze bis hin zu berühmten Schotten der Gegenwart wie Sean Connery. Schmackhafte Gerichte gibt es im Tower-Restaurant, das auch einen schönen Ausblick über die Stadt bietet.

1 Chambers Street; www.nms.ac.uk; Restaurant Tel. 01 31/2 25 30 03; Mo–Sa 10–17, So 12–17, Di bis 20 Uhr; Eintritt frei

Scottish National Gallery of Modern Art

⟶ Umschlagkarte hinten, a 2

Neben der Tate Modern in London besitzt dieses Museum die bedeutendste Sammlung moderner Kunst in Großbritannien. Darunter befinden sich Skulpturen von Henry Moore sowie Werke von Giacometti, Matisse und Picasso.

Belford Road; tgl. 10–17, Do bis 19 Uhr; Eintritt frei

Essen und Trinken

The Abbotsford

⟶ Umschlagkarte hinten, c 2/d 2

Der 1902 gegründete viktorianische Pub in Bahnhofsnähe gehört 1

zu den bekanntesten Traditionspubs in Edinburgh. Besonders während der Festspiele in den Sommermonaten ist der beliebte Treffpunkt von Künstlern oft überfüllt. Die besondere Atmosphäre und das Interieur, darunter die kunstvoll geschnitzte Mahagonitheke, entschädigen für das Gedränge.
3 Rose Street; Tel. 01 31/2 25 52 76; So geschl. ●

SERVICE

Auskunft

Edinburgh Information Centre
⇢ Umschlagkarte hinten, d 2
3 Princess Street; Tel. 01 31/4 73 38 00, Fax 4 73 38 49; www.edinburgh.org; www.edinburghguide.com; für aktuelle Termine und Veranstaltungen

Stadtrundfahrten

Britannia Tour Busfahrt ab Waverley Bridge zur Neustadt und zum Botanischen Garten, weiter nach Leith zur »Britannia«, der Luxusjacht der Queen.
Eintritt Erw. 8,50 £, Kinder 2,50 £ (Britannia: Eintritt 8 £, tgl. 9.30–16.30 Uhr)

The Witchery Walking Tours
⇢ Umschlagkarte hinten, c 2
Diese Tour zu unterschiedlichen Themen startet jeweils um 19 und 22 Uhr, besonders zu empfehlen ist »The Witchery Murder & Mistery Tour by night«. Beginn 22 Uhr. Treffpunkt ist vor dem Witchery Restaurant, 352 Castle Hill; Buchung ist notwendig (7 £).
Tel. 01 31/2 25 67 45

Ziele in der Umgebung

Dunfermline ⇢ S. 118, B 21

Dunfermline ist eine der ältesten Siedlungen Schottlands, davon zeugen Fundstücke aus der Eisen- und Bronzezeit. Mehr als 500 Jahre war Dunfermline die Hauptstadt Schottlands. Vom 11. bis 15. Jh. wurden hier zahlreiche schottische Könige und Königinnen begraben. Der berühmteste unter ihnen ist zweifellos der Nationalheld Robert I. The Bruce (1274-1329), der die Unabhängigkeit des schottischen Königreiches begründete, indem er die Engländer in der Schlacht von Bannockburn 1314 besiegte. Seine Gebeine sind hier beigesetzt, sein Herz jedoch in der Abtei von Melrose. Die im Westen des Ortes liegende und von Benediktinern gegründete Abtei ist noch heute in einem sehr guten Zustand, was man von dem benachbarten Palast, der einer Ruine ähnelt, nicht sagen kann. Dunfermline ist heute noch das religiöse Zentrum Schottlands.
27 km nördlich von Edinburgh auf der Halbinsel Fife

MERIAN-Tipp

5 Scotch Whisky Heritage Centre

Hier befindet sich eine abwechslungsreiche Ausstellung zur Geschichte des schottischen Nationalgetränks. In einem Elektrowagen fährt der Besucher durch die Vergangenheit des »uisge beatha«, dem Lebenswasser der Schotten, und lernt auf anschauliche Weise dessen soziale und industrielle Geschichte kennen. Es werden spannende Geschichten aus der Zeit des illegalen Brennens und des Schmuggelns erzählt. Außerdem erfährt man viel über die Herstellungsverfahren von Single Malt und Blended Whisky sowie über die Geschichte der wichtigsten Brennereien. Ein Whisky-Shop und ein Restaurant sind dem Museum angeschlossen. Das »Scotch Whisky Heritage Centre« sollte sich kein Whisky-Liebhaber entgehen lassen.

354 Castlehill; Tel. 01 31/2 20 04 41; Restaurant tgl. mittags, abends nur Fr/Sa ●●
⇢ Umschlagkarte hinten, c 2

Edinburgh → Pencaitland

Um zu der berühmtesten Brennerei der Lowlands zu kommen, der **Glenkinchie Distillery**, verlässt man Edinburgh auf der A 7 in südöstlicher Richtung. Hinter der Stadt beginnt die sanft hügelige Landschaft, die stark von der Landwirtschaft geprägt ist. Von der A 7 biegt man auf die A 68 nach Dalkeith, nach diesem Ort geht es links auf die A 6093, nach ca. 2 km dann rechts auf die B 6371. Vor Peaston (Hinweisschild beachten) muss man links Richtung Westen abbiegen. Von hier aus fährt man noch etwa eine Viertelstunde bis zum Dorf Pencaitland, in dem die Glenkinchie Destillerie liegt.

Glenkinchie Distillery

⟶ S. 118, C 21

Die rund 24 km südöstlich von Edinburgh gelegene Destillerie war ursprünglich ein Bauernhof, in dessen Räumen 1837 die Brüder John und George Rate eine Brennerei eröffneten. Über hundert Jahre später, in den 40er- und 50er-Jahren, züchtete der Leiter von Glenkinchie hier Rinder, fütterte sie mit den bei der Whiskyproduktion anfallenden Gerstenresten und wurde für seine Tiere schließlich sogar ausgezeichnet. Die Gebäude erinnern eher an eine Baumwollmühle denn an eine Brennerei. Mit ihren zwei »stills« vertritt Glenkinchie die Lowland-Region in der Classic Malt Serie. In dieser Serie werden die besten Whiskys aus sechs verschiedenen Regionen zusammengestellt. Im geschmacklichen Bereich hat der Whisky aus Glenkinchie eine für die Lowlands doch eher untypische Note: Er ist ein ganz wenig rauchig und torfig.

In den Räumen der ehemaligen »floor maltings«, dort wo bis 1968 die Gerste gemälzt wurde, befindet sich heute ein Whiskymuseum. Neben anderen sehenswerten Ausstellungsstücken steht hier das detailgetreue Modell der Glenkinchie Destillerie: Die Nachbildung aller Gebäude, Geräte und Maschinen ist einzigartig. Glenkinchie gehörte zu den wenigen Brennereien, die während des Zweiten Weltkriegs nicht geschlossen wurden.

Pencaitland, East Lothian;
Tel. 0 18 75/34 20 04; Nov.–Feb. Mo–Fr 11–16, März–Mai Mo–Fr 10–17, Juni–Sept. Mo–Sa 9.30–17, So 12–17, Okt. Mo–Fr 9.30–17, Sa–So 12–17 Uhr; Eintritt 3,50 £, wird beim Einkauf verrechnet

Liebevoll hat die Glenkinchie Distillery die Brennerei als Modell nachgebaut. Der Besucher kann die Produktionsabläufe des Whisky nachvollziehen.

Zwischen Low- und Highlands: Von der Glenkinchie Distillery nach Killearn

Die Reise von der bekanntesten Destillerie der Lowlands, **Glenkinchie**, zur südlichsten Brennerei der Highlands, **Glengoyne in Killearn**, führt an zwei historischen Orten vorbei: In **Linlithgow** steht der Palast, in dem Maria Stuart 1542 geboren wurde, und in **Falkirk** erfährt man viel über die Geschichte Schottlands. Die Stecke bis zum malerischen Örtchen **Killearn** ist 110 km lang und führt zuerst durch eine der am dichtesten bevölkerten Gegenden Schottlands. Dann durchquert man auf einer schmalen Straße das wenig bekannte **Carron Valley** und kommt an den für Schottland typischen Weilern und ungezählten Schafherden vorbei.

Pencaitland → Linlithgow

Nachdem man die hügelige Landschaft von East Lothian verlassen hat, umfährt man auf der vierspurigen Autobahn A 720 Edinburgh. Nach gut 45 Minuten Fahrzeit zweigt man auf die M 9 Richtung Stirling ab, weitere 16 km sind es dann noch bis zu dem geschichtsträchtigen Ort Linlithgow.

Linlithgow

→ S. 118, B 21

In Linlithgow befindet sich eine Reihe gut erhaltener Häuser aus dem 16. Jh., die Architekturliebhaber sich nicht entgehen lassen sollten. Außerdem besitzt dieser kleine Ort zwei historisch bedeutende Stätten Schottlands: den **Linlithgow Palace** und die **St. Michael Kirche.** In Linlithgow gab es im 19. Jh. vier Whiskybrennereien, von denen jedoch nur das Gebäude der **St. Magdalene Distillery** erhalten ist.

Sehenswertes

Church of St. Michael

Vor dem Hauptportal der Residenz befindet sich rechter Hand die St. Michael Kirche, im Jahre 1424 neu erbaut und Mitte des 16. Jh. schließlich vollendet. Die architektonischen Formen sind der englischen Hochgotik, dem so genannten »Decorated Style«, entlehnt. Das spätgotische Fenster der Südkapelle gilt als das schönste seiner Art in Schottland.

Linlithgow Palace

Überragt wird der Ort von der mächtigen Ruine des Linlithgow Palace. Romantisch liegt er in der leicht hügeligen Landschaft über einem kleinen See, umgeben von einer der zwei Parkanlagen aus der Zeit, in der Schottland noch ein Königreich war. Der zweite königliche Garten liegt beim **Palace of Holyroodhouse** (→ S. 22) in Edinburgh. Berühmt ist der Linlithgow Palace vor allem deswegen, weil hier 1542 eine der bekanntesten Frauen der Geschichte geboren wurde: Maria Stuart. Ihre tragische Lebensgeschichte liest sich in Kürze so: Sie wurde knapp eine Woche nach ihrer Geburt Königin von Schottland und war später auch für kurze Zeit Königin von Frankreich. Sie war, für damalige Verhältnisse recht ungewöhnlich, dreimal verheiratet. Sie endete 44-jährig auf dem Schafott, nachdem sie 19 Jahre lang in englischer Gefangenschaft lebte.

Mit dem Bau des Palastes wurde Anfang des 15. Jh. begonnen, und es sollte 200 Jahre dauern, bis er vollendet war. An den verschiedenen Baustilen und der unterschiedlichen Inneneinrichtung kann man die lange Bauzeit ablesen. Jede Epoche hat hier ihre Zeichen gesetzt. Vor allem die Besteigung des ca. 30 m hohen nordwestlichen Turmes lohnt sich: Von hier aus hat man eine herrliche Sicht über das flache Land und das am Horizont liegende Edinburgh.

St. Magdalene Distillery

S. 118, B 21

Die ehemalige Brennerei, die 1983 geschlossen wurde, liegt ein paar hundert Meter östlich des Bahnhofes (Linlithgow, EH49 6AQ). Äußerlich wirken die unter Denkmalschutz stehenden Gebäude (erbaut 1798) wie eine intakte Destillerie: Die drei großen »kilns« stehen da, als würde immer noch Gerste darin getrocknet. Auch das fünfstöckige Lagerhaus macht von der Straße aus den Eindruck, als lagerten hier immer noch Fässer mit Whisky. Doch man hat der Zeit Rechnung getragen und die Brennerei in eine Wohnanlage umgebaut. Ab und zu gibt es noch Whisky von St. Magdalene zu kaufen, und zwar unter zwei Namen: »St. Magdalene« und »Linlithgow«. Der Whisky ist eher herb, trocken und schwer. Aber Linlithgow war nicht nur für seinen Whisky berühmt, sondern auch für seine ehrwürdige Tradition des Bierbrauens. Heute erinnert nur noch der **Pub Four Marys** mit seiner großen Bierauswahl an die Vergangenheit. Man findet diesen Pub an der Hauptstraße, der High Street, welche mitten durch den Ort führt.

HOTELS/ANDERE UNTERKÜNFTE

Bonsyde House Hotel

Etwa 2,5 km nordöstlich des Linlithgow Palace gelegen. Das Hotel ist ein umgebautes viktorianisches Landhaus mit zwei unterschiedlichen Zimmerkategorien: von kleinen, gut eingerichteten und gemütlichen Zimmern bis zu großzügigen, fast herrschaftlich eingerichteten Räumen. Der Speisesaal und der Aufenthaltsraum haben große Glasfronten, die einen wunderschönen Ausblick auf den Palast ermöglichen.

Bonsyde, Linlithgow, West Lothian; Tel. 0 15 06/84 22 29, Fax 84 62 33; www.bonsydehouse.co.uk; 8 Zimmer

●● CREDIT

West Port Hotel

Das gemütliche Hotel liegt nicht weit von der Kreuzung High Street und St. Ninians Road. Es ist kaum zu verfehlen, da es blau angestrichen ist. Kleine, aber komfortabel eingerichtete Zimmer sind hier Standard. Hervorzuheben ist besonders die umfangreiche Speisekarte des Restaurants, die keine Wünsche offen lässt. Wer die schottische Küche nicht kennt, sollte unbedingt das National-

Viehwirtschaft ist in vielen Regionen Schottlands ein wichtiger wirtschaftlicher Faktor. Für die schottische Textilindustrie wird viel Wolle benötigt.

Die Instandhaltung der Fässer erfordert das fachmännische Wissen des Küfers.

gericht »haggis« (eine Art Wurst aus Schafsinnereien, Hafergrütze und Gewürzen) probieren. Die Spezialität wird hier paniert und in einer Whiskysauce serviert.

18–20 West Port; Tel. 0 15 06/84 74 56, Fax 84 64 55; www.westporthotel.co.uk; 9 Zimmer; Restaurant: Mo–Fr Lunch 12–14.30, Dinner 17–20.30, Sa–So 12–20.30 Uhr ●● CREDIT

Falkirk ····› S. 118, A 21

In gut 20 Minuten erreicht man auf der A 803 die westlich von Linlithgow gelegene kleine Stadt Falkirk. Sie ist heutzutage recht unbedeutend, doch fanden hier zwei für die Geschichte Schottlands wichtige **Schlachten** zwischen Schotten und Engländern statt, weswegen jedes Kind in Schottland diesen Ort kennt. Am 22. Juli 1298 tobte hier der **schottische Unabhängigkeitskrieg**. Ritter William Wallace unterlag in Falkirk dem Englischen König Edward I. In dieser Schlacht setzten die Engländer erstmals ihre Langbogenschützen ein.

Die zweite Schlacht ereignete sich am 17. Januar 1746 und war für die Schotten erfolgreich: Die Highlander, unter der Führung von Charles Edward Stuart, von den Schotten auch Bonnie Prince Charlie genannt, bezwangen hier ein englisches Heer. Es war das letzte Mal, dass die Schotten über die Engländer triumphierten.

Falkirk → Killearn

Die etwa einstündige Autofahrt zur Destillerie Glengoyne führt durch eine atemberaubend schöne Landschaft und typisch schottische Dörfer. Nach dem man Falkirk hinter sich gelassen hat, fährt man weiter auf der A 883 und überquert kurz danach den Forth and Clyde Kanal. Nach ungefähr 20 Min. biegt man bei Denny auf die B 818 und gelangt so ins Carron Valley. Am Beginn des engen Tales liegt das große, etwa 5 km lange **Carron Valley Reservoir**, ein Stausee, der die Wasserversorgung der ganzen Region zwischen Sterling und Falkirk sicherstellt. Der Stausee ist sehr beliebt bei Anglern, da darin viele Forellen leben (weitere Informationen können eingeholt werden bei: Carron Valley Fishery, Fishing Lodge, Carron Valley, nr Denny, Stirlingshire, FK6 5JL; Tel. 0 13 24/82 36 98, Fax 82 15 97; www.graysofkilsyth.com/carron-valley-fishing.htm).

Die schmale Straße zwängt sich regelrecht durch dieses enge Tal. Obwohl es zu den **Lowlands** gehört, erhält man während der Fahrt den Eindruck, als sei man schon mitten in den Highlands: Die Berge sind einige hundert Meter hoch. In diesem Tal wird Viehwirtschaft betrieben, und außer Schafen sieht man hier die mittlerweile eher selten gewordenen Highlandrinder. Nach ungefähr 40 km erreicht man den Ort **Killearn**. Ein schmucker, romantischer Ort, der einen kleinen Rundgang lohnt. Wenn man den Ort durchquert und der A 875 nach Süden folgt, erreicht man nach kurzer Zeit die Glengoyne Malt Whisky Distillery.

Glengoyne Malt Whisky Distillery

S. 118, A 21

2

Über das genaue Gründungsjahr dieser Brennerei herrscht Unsicherheit, wahrscheinlich im Jahre 1833. Bevor sie den Namen »Glengoyne« erhielt, was übersetzt »Tal des Pfeils« bedeutet, hieß sie »Burnfoot« und später »Glen Guin«. Sie gilt als eine der schönsten Brennereien Schottlands, denn ihre Gebäude sind alt und ihre Lage ist sehr malerisch. Die verschiedenen weißen Häuser sind um einen Innenhof angelegt, der sich nach hinten öffnet und den Blick freigibt auf einen 50 m hohen Wasserfall, dessen Wasser sich in einem kleinen Teich neben der Brennerei sammelt. Eine Besonderheit dieses Whiskys ist, dass bei der Herstellung ungetorftes Malz verwendet wird. Außerdem kommt das benötigte Wasser nie mit Torf in Berührung. Dadurch fehlt dem Glengoyne die rauchige und torfige Note, die für Malt Whiskys eigentlich typisch ist. Umso mehr schmeckt man eine gewisse Malzigkeit bei den zahlreichen Abfüllungen: Am häufigsten sind der 10-jährige sowie der 17-jährige Glengoyne. Wenn man sehr viel Glück hat, kann man irgendwo noch eine »Vintageabfüllung« aus den Jahren 1967 bis 1970 ergattern. Die Jahrgangs-Whiskys 1967, 1968 und 1969 wurden jeweils am Weihnachtstag destilliert. Einen Glengoyne des Jahres 1970 zu besitzen gilt unter Whiskyfreunden als besondere Trophäe, denn es sind damals nur 1200 Flaschen abgefüllt worden.

Dumgoyne, Killearn, Stirlingshire; Tel. 0 13 60/55 02 54; www.glengoyne.com; Mo–Sa 10–16, So 12–16 Uhr; April–Okt. Mi 19.30 Uhr, nach Anmeldung; Eintritt 3,95 £

Die Glengoyne Malt Whisky Distillery in der Nähe des Loch Lomond wird als Schottlands schönste Brennerei gehandelt.

In den Grampian Mountains: Von Killearn nach Braemar

Diese 370 km lange Route führt vom **südlichsten Teil der Highlands** ins Herz Schottlands, in die **Grampian Mountains.** Man fährt durch die South Highlands, macht einen Bogen an die Ostküste zu der Stadt **Stonehaven** und kehrt bei **Braemar** ins Landesinnere zurück. Zwischen der alten schottischen Hauptstadt **Stirling** und dem Austragungsort der jährlichen Hochlandfestspiele, den **»Braemar Games«,** liegen zahlreiche Burgen, Herrensitze und Schlachtfelder, die von der wechselhaften Geschichte Schottlands zeugen. **Neun Brennereien** befinden sich auf der Strecke, wovon die bekanntesten Glenturret, Dalwhinnie, Edradour und Royal Lochnagar sind (Karte → S. 118, A 21; S. 114–115).

Killearn → Stirling

Um nach Stirling zu gelangen, fährt man in Killearn die A 875 Richtung Nordwesten. Schon nach ca. 1,5 km kommt die Abzweigung auf die A 811, auf der man ca. 40 Minuten bleibt, bis Stirling erreicht ist. Die gut zu befahrende Straße führt durch ein sehr breites und flaches Tal, vorbei an den kleinen Orten Buchlyvie und Arnprior. Im Norden sind die Ausläufer der Highlands zu sehen, schaut man Richtung Süden, liegt hinter fruchtbarem Ackerland eine sanfte Hügellandschaft.

Stirling

→ S. 118, A 21

Zwischen dem hoch gelegenen und gewaltigen **Stirling Castle** und dem River Forth liegt die pittoreske Altstadt, das geografische Herz Schottlands. Die »little houses« aus dem 16. und 18. Jh. an der Broad Street erinnern genauso an die Geschichte der Stadt wie **The Tolbooth,** das Rathaus mit dem Gefängnis, die **Guild Hall,** das Zunfthaus, oder der Marktplatz und **The Old Bridge** über den Forth. Die Verwaltungs- und Industriestadt besitzt seit 1967 auch eine eigene Universität.

Das hügelige Stirling mit seinen 30 000 Einwohnern gilt als die schönste Kleinstadt im Land. Immer wieder bietet sich ein Blick auf die Schlossfestung, die die dicht gedrängten Häuschen majestätisch überragt. Dank seiner zentralen Lage war Stirling einer der vier Orte, die bereits im 13. Jh. zur »Royal Burgh« aufstiegen. Strategisch wichtig als Tor ins Hochland, wurde die Befestigungsanlage Schauplatz zahlreicher Schlachten.

Hotels/andere Unterkünfte

Royal Hotel

Das Gebäude stammt aus dem 19. Jh. in Bridge of Allan, 4 km nördl. von Stirling.

Henderson Street; Tel. 0 17 86/83 22 84, Fax 83 43 77; www.royal-stirling.co.uk; 43 Zimmer ●● CREDIT

King Robert Hotel

Am Rande des Schlachtfeldes von Bannockburn gelegen. Ein einfaches und schlichtes, aber gemütliches Hotel.

Glasgow Road; Tel 0 17 86/81 16 66, Fax 81 15 07; www.infotel.co.uk/17290.htm; 53 Zimmer ●● CREDIT

Sehenswertes

Bannockburn → S. 118, A 21

Knapp 3 km hinter Stirling liegt das Schlachtfeld von Bannockburn. Dieser Ort ist eine Art Nationalheiligtum der Schotten. Im Juni 1314 besiegten hier die Schotten unter der Führung ihres Königs Robert I. The Bruce (1306–1329) eine gewaltige Übermacht der Engländer. Mit diesem Sieg sicherten sich die Schotten für knapp 300 Jahre ihre Unabhängigkeit. Noch heute ist die Erinnerung an die Schlacht von Bannockburn lebendig: Bei der Fußballeuropameisterschaft 1996 in England kam es zum Spiel England gegen Schottland im Londoner Wembleystadion. Im schottischen Fanblock konnte man Transparente lesen mit der Aufschrift: »Erinnert Euch an Bannockburn«.

Im Besucherzentrum kann man sich einen Film über die Schlacht anschauen.

April–Okt. tgl. 10–18 Uhr; Eintritt 2,50 £

Old Town Jail

Eine unterhaltsame und lehrreiche Führung mit kostümierten Schauspielern durch das viktorianische Gefängnis aus dem Jahr 1846. In der einstündigen Vorstellung wird das alltägliche Leben der Gefangenen inszeniert.

3

St. John Street; tgl. 9.30–17 (Feb., Nov. bis 16 Uhr); Eintritt 5,50 £

Service

Auskunft

Tourist Information

41 Dumbarton Road;
Tel. 0 87 07/20 06 20; Fax 45 00 39;
www.scottish.heartlands.org;
Mo–Sa 9–17, So 10–16 Uhr

Stirling → Crieff

Hinter Stirling muss man zuerst auf die A 9 Richtung Norden, nach ungefähr 15 km zweigt die A 822 ab. Über Muthill erreicht man die Ortschaft Crieff, an deren westlichem Rand die Glenturret Distillery liegt.

Crieff → Aberfeldy

Von Crieff aus muss man auf der A 85 ca. 3,5 km fahren, um auf die A 822 und später bei Milton auf die A 826 Richtung Aberfeldy abzubiegen. Auf diesem knapp 40 km langen Teilstück kommt man mitten in die Highlands hinein. Die Berge werden immer höher, überall wächst Heidekraut und sind Nadelwälder zu sehen, die als Monokultur angepflanzt worden sind. Von einem Hügel hinab kommend wird das Marktstädtchen Aberfeldy erreicht, das eingebettet an einer Biegung des Flusses Tay liegt. Die fünfspännige Brücke wurde 1733 nach Plänen von William Adam erbaut.

MERIAN-Tipp

6 Glenturret Distillery

In dieser Brennerei wird einer der besten und bekanntesten Blended Whiskys hergestellt: »The Famous Grouse«. Glenturret zählt zu den ältesten, es wird sogar behauptet, sie sei die älteste Destillerie Schottlands. Ihre niedrigen Gebäude stammen teilweise noch aus dem Jahre 1775. Außerdem ist Glenturret eine der kleinsten Brennereien Schottlands: Sie besitzt nur zwei »stills« mit je 6000 Liter Fassungsvermögen. Der Name Glenturret bedeutet »Tal des Turret«, nach dem gleichnamigen Fluss, der hier verläuft und auf seinem Weg zur Destillerie noch etwas Torf mitnimmt. Sie war eine der ersten Brennereien, die ein Besucherzentrum hatte. Daneben gibt es auch Bars, Restaurants und ein Museum. Vor dem Eingang zum Besucherzentrum steht ein Denkmal für die Katze namens Towser. Sie hat, so steht es wenigstens im Guinness-Buch der Rekorde, in ihrem langen Leben mehrere tausend Mäuse erlegt. Doch nicht nur die Katze ist rekordverdächtig, sondern auch die Brennerei selbst: Sie gehört zu den meistbesuchten Destillerien Schottlands.

The Hosh, Crieff, Perthshire;
Tel. 0 17 64/65 65 65; www.famous-grouse.co.uk; März–Dez. Mo–Sa 9.30–18, So 12–18, Jan.–Feb. Mo–Sa 11.30–16 Uhr; Eintritt 3,50 £, Familien 9 £ → S. 114, A 16

Vintage übernahm 2002 die Brennerei und verpflichtete Iain Henderson, der jahrelang Chef der **Laphroaig Distillery** war, als Produktionsleiter. Dieser führte einige Änderungen durch, so verwendete er unter anderem Sauternes- und Portweinfässer für die Lagerung des Malt. Die Edradour-Brennerei produziert nur ganze 15 Fässer pro Woche mit ihren zwei Brennblasen, dafür ist es aber der einzige handgemachte Whisky Schottlands. Früher gab es nur den 10-jährigen Whisky im Handel. Heute kriegt man auch eine 21-jährige, im Portweinfass gelagerte Abfüllung sowie einen 30-jährigen Whisky. Entsprechend der geringen Produktionsmenge gibt es nur drei Angestellte für die Whisky-Herstellung, hingegen 20 Guides, welche die rund 100 000 Besucher pro Jahr durch die Anlage führen. Hier gibt es antike Einrichtungen zu sehen, wie beispielsweise das im Jahre 1880 patentierte Kühlsystem sowie alte Umrühr- und Gärungsbehälter.

Pitlochry, Perthshire; Tel. 0 17 96/ 47 20 95; www.edradour.co.uk; März–Okt. Mo–Sa 9.30–17, So 12–17, Nov.–Feb. Mo–Sa 10–16 Uhr (nur Shop)

Pitlochry → Dalwhinnie Distillery

Die Dalwhinnie Brennerei liegt 50 km von Pitlochry entfernt an der A 9 Richtung Inverness. Auf dem Weg dorthin kommt man an dem viel besuchten **Killoicrankie Pass** vorbei. In dieser beeindruckenden Felsenschlucht fand am 27. Juli 1689 die erste Schlacht zwischen den siegreichen Jakobiten (Highlander, die dem schottischen Königshaus der Stuarts nahe standen) und Engländern statt.

Dalwhinnie Distillery

S. 114, A 14

Dalwhinnie ist die höchstgelegene (326 m) Destillerie Schottlands. Zur einen Seite erheben sich die Monadhlaith Mountains, zur anderen liegen der Wald von Atholl, die Cairngorms

Edradour ist die kleinste Destillerie Schottlands. Die Führung bietet Einblicke in historische Produktionsweisen.

und die Grampian Mountains. Die Brennerei wurde 1897 unter dem Namen »Strathspey« gegründet. Ihr gälischer Name »Dalwhinnie« bedeutet »Versammlungsplatz«, weil sich hier Viehtreiber und Whisky-Schmuggler trafen. 1934 wurde Dalwhinnie durch einen Brand schwer beschädigt und war für vier Jahre geschlossen. Die Brennerei besitzt zwei »stills«, und der 15-jährige Whisky vertritt die Highland Whiskys in der Classic Malt Serie. Sein leicht torfiger Geschmack, verbunden mit einer gewissen malzigen Süße, wird immer beliebter.
Dalwhinnie, Inverness-shire; Tel. 0 15 40/67 22 19; Ostern–Sept. Mo–Sa 9–17, So 12–17, Okt. Mo–Fr 9–17, Nov.–Ostern Mo–Fr 10–16 Uhr; Eintritt 3,50 £, wird beim Einkauf verrechnet

Pitlochry → Brechin

Nachdem man Pitlochry verlassen hat, führt die Route in den östlichen Teil Schottlands. Zuerst fährt man auf der A 924 über die kleinen Dörfer Moulin, Badyo bis Straloch, wo man ins schmale Tal des River Ericht gelangt. Man folgt dem nicht sehr breiten, ruhigen Flusslauf bis nach Bridge of Cally. Ab dort wird das Tal breiter, und man biegt ein auf die A 93 Richtung Nordosten. Kurz vor Brechin verlässt man die A 93 und fährt auf der A 935 direkt ins Zentrum des kleinen Ortes. Am nördlichen Rand liegen die verlassenen Gebäude der ehemaligen **North Port Distillery**, die 1820 erbaut und 1983 für immer geschlossen wurde. Hier wurde ein trockener, ginartiger Whisky gebrannt, der heute nur noch selten in Geschäften erhältlich ist.

Glencadam Distillery

→ S. 115, D 15

Die letzte noch produzierende Brennerei an diesem Küstenstrich ist Glencadam. Sie liegt einen knappen Kilometer östlich von Brechin nahe am River Esk und kann nicht besichtigt werden. Diese Destillerie stellt mit ihren zwei Brennblasen einen äußerst raren, sahnig-cremigen Malt Whisky her, der nur selten in den Handel kommt. Das Gründungsjahr von Glencadam ist wahrscheinlich 1825. Im Jahre 1954 kaufte Hiram Walker die Brennerei und modernisierte sie. Das zur Produktion benötigte Wasser wird vom 48 km entfernten Loch Lee am Fuß des Glen Esk herangepumpt.
Brechin, Angus; Tel. 0 13 56/62 22 17; auf Anfrage

Brechin → Abstecher nach Fettercairn

Weiter geht die Fahrt auf der B 966 erst nach Norden, dann nach Nordwesten bis ins 17 km entfernte **Fettercairn**. Dieses sehr gepflegte Dorf mit seinen kleinen, rosafarbenen gregorianischen Granithäusern betritt man durch einen steinernen Torbogen.

Old Fettercairn Distillery

→ S. 115, D 15

Diese Destillerie liegt am Rande des gleichnamigen Ortes Fettercairn. Ihre weiß getünchten Gebäude mit den dunklen Dächern heben sich schon von weitem von der saftig grünen Landschaft ab. Die ursprüngliche Brennerei lag etwa 3 km höher auf dem Berg in einer berüchtigten Schmugglergegend und wurde illegal betrieben. Als der Besitzer eine offizielle Genehmigung zum Whiskybrennen bekam, wechselte sie 1824 ihren Standort. 1966 wurde die Anzahl der »stills« von zwei auf vier erweitert. Den 10-jährigen Single Malt, der leicht erdig, nussig mundet, kann man leicht im Handel erhalten, wohingegen die anderen Abfüllungen schwer zu bekommen sind. Zur Begrüßung bekommt der Besucher eine Kostprobe.
Fettercairn, Kincardineshire; Tel. 0 15 61/34 02 05; Mai–Sept. Mo–Sa 10–16.30 Uhr; Eintritt frei

Brechin → Stonehaven

Weiter geht es von Brechin zuerst auf der B 966 Richtung Nordosten, dann auf der A 90 direkt nach Stonehaven. Während dieser 45-minütigen Fahrt zur Nordseeküste verändert sich die Landschaft zusehens: Die hohen Berge der Highlands machen einer flachen, mit kleinen Hügeln durchsetzten Landschaft Platz.

Stonehaven → S. 115, E 15

Stonehaven, 9300 Einwohner, ist ein beliebter Ferienort mit schönen Kliffwanderwegen. Wer das Angeln liebt, kann sich hier ausrüsten und zum Fischen aufs Meer hinausfahren.

Stonehaven → Braemar

Der letzte Abschnitt dieser Route führt von Stonehaven ins 90 km entfernte Braemar, mitten in das Herz der Grampian Mountains, hier wird die Landschaft wieder bergiger. Zuerst fährt man auf der A 957 ca. 20 km nordwestlich, man gelangt in das Tal des River Dee, dem man auf der A 93 bis Braemar folgt.

Braemar → S. 114, C 14

Nicht nur weil die königliche Familie, die im August und September ihre Ferien im nahe gelegenen **Balmoral Castle** verbringt, stets am »Braemar Gathering« teilnimmt, zählen die 4 **»Braemar Games«** zu den bekanntesten Hochlandfestspielen. Immer am ersten Samstag im September unterhalten ab 11 Uhr Dudelsackpfeifer und Trommler, Tanzgruppen, Einzeltänzer und sportliche Wettkämpfe die Zuschauer. Wer die klassische Musik des Dudelsackes, den »pibroch«, hören möchte, geht zu den Häuschen oder Zelten am Rande des Festplatzes. Darin sitzen die Preisrichter, damit sie den Spielenden nicht sehen, während die Dudelsackpfeifer auf und ab gehen und ihre schwermütigen Lieder zum Besten geben.

MERIAN-Tipp

7 Dunnottar Castle

Die 2,4 km südöstlich von Stonehaven gelegene, imposante Burgruine liegt auf einem Felsen über dem Meer. Eine recht dramatische Kulisse, die auch schon für Filme herhalten musste. Die riesige, halb verfallene und an drei Seiten vom Meer umspülte Festung ist eine der meistfotografierten des Landes. Bei einer Besichtigung des Geländes und der noch vorhandenen Bauteile bekommt man einen sehr guten Eindruck von der einstigen Größe der als uneinnehmbar geltenden Festung.

Ostern–Ende Okt. Mo–Sa 9–18, So 14–17; Nov.–Ostern Fr–Mo 9 Uhr bis Einbruch der Dunkelheit; Eintritt 4 £

→ S. 115, E 15

HOTELS/ANDERE UNTERKÜNFTE

Callater Lodge Guest House

Kleines, gemütliches Guest House im viktorianischen Stil. Eine große Auswahl an Weinen, Bieren und Spirituosen, hauptsächlich natürlich Whisky.

9 Glenshee Road; Tel. 0 13 39/74 12 75, Fax 74 13 45; www.hotel-braemar.co.uk; ●● CREDIT

Braemar Lodge Hotel

Das Haus wurde im viktorianischen Stil errichtet. Sehr große Malt-Whisky-Auswahl in der Lounge. Gemütliches rustikales Restaurant mit schottischer Küche.

9 Glenshee Road; Tel. 0 13 39/74 16 27, Fax 74 16 27; www.braemarlodge.co.uk; 7 Zimmer ●● CREDIT

SEHENSWERTES

Balmoral Castle

Die königliche Sommerresidenz im romantischen Dee-Tal wurde 1848 von Königin Viktoria gekauft und nach Plänen ihres Gemahls, Prinz Albert, im viktorianischen Baronialstil umgebaut. Nur im Mai, Juni und Juli können der weitläufige Schlosspark und Mitte April bis Ende Juli der Ballsaal besichtigt werden.

Tel. 0 13 39/74 25 34; www.balmoralcastle.com; Ostern–Juli Mo–So 10–17 Uhr; Eintritt 6 £

Royal Lochnagar Distillery

S. 114, C 14

Unmittelbar in der Nähe von Balmoral Castle liegt die Royal Lochnagar Distillery. Es ist die letzte von ehemals recht vielen Brennereien im Tal des Flusses Dee. Sie befindet sich am Fuße des Berges Lochnagar und wurde 1826 als Schwarzbrennerei gegründet. Die heutige, aus rosafarbenem Granit erbaute Destillerie ähnelt einem Bauernhof und wurde 1845 unter dem Namen »New Lochnagar« eröffnet. Drei Jahre später erwarb die königliche Familie das Schloss Balmoral, und Victoria ließ es sich nicht nehmen, die benachbarte Brennerei von John Begg zu besichtigen. Anscheinend hatte der leicht rauchige, malzige und fruchtige Geschmack des hier gereiften Whiskys Ihre Majestät überzeugt, denn schon am nächsten Tag war John Begg offizieller Hoflieferant der Königin und ersetzte das »New« im Firmennamen durch »Royal«. Angeblich mischte die Königin den Whisky mit Rotwein und verdarb so gleich zwei Getränke. Trotz mehrmaliger Umbauten blieb die Anzahl der Brennblasen bei zwei. Zuweilen schaut auch heute noch die Königsfamilie vorbei und kostet die neuesten Abfüllungen.

Crathie, Ballater, Aberdeenshire; Tel. 0 13 39/74 27 00; Ostern–Sept. Mo–Sa 10–17, So 12–16, Okt.–Ostern Mo–Fr 10–16 Uhr; Eintritt 4 £, wird beim Einkauf verrechnet

Südlich von Aberdeen liegt die meistfotografierte Burg Schottlands. Das Dunnottar Castle ist von drei Seiten von der Nordsee umspült und galt lange als uneinnehmbar.

Vom Mälzen, Maischen und Brennen

Die Kunst der Whisky-Herstellung

Für die Herstellung von Whisky braucht man eigentlich nicht viel: Wasser, Gerste, Hefe und, wenn man es zur Verfügung hat, Torf. Dazu irgendeine Art von Brenngerät, um aus all diesen Zutaten ein Getränk zu destillieren. Die Kunst ist es dann, daraus einen schmackhaften Whisky zu produzieren. Die Destillerien in Schottland können sich auf eine jahrhundertealte Tradition stützen. In allen sechs Whiskyregionen (Lowlands im Süden, Speyside im Nordosten, Highlands, Campbeltown im Südwesten, auf den Inseln Arran, Jura, Mull, Skye und Orkney sowie auf der Isle of Islay) wird das so genannte »Wasser des Lebens« auf dieselbe Art hergestellt. Die ersten Whiskybrenner fanden in Schottland alles, was sie brauchten, vor: Gerste und Torf, der in großen Teilen des Landes in Unmengen vorhanden ist. Und Alkohol als Genussmittel kannten sie auch schon. Schnell hat die Obrigkeit verstanden, aus dem Genuss von Alkohol ihre Vorteile zu ziehen: Sie besteuerte ihn schon im Jahre 1644 und füllte so die Staatskasse. An der Herstellung des Whiskys hat sich bis heute nichts verändert, außer dass die meisten Brennereien nicht mehr selber mälzen, sondern von Großmälzereien beliefert werden.

Beim Mälzen wird die Gerste regelmäßig gewendet. So entsteht kein Schimmel.

Mälzen

Mälzen bedeutet, die Gerste zum Keimen zu bringen. Hierbei wandelt sich das Innere des Korns in Stärke bzw. Zucker um. Dazu wird die Gerste (»barley«) in mit Wasser gefüllte Bottiche (»steeps«) gefüllt und zwei Tage lang eingeweicht. Anschließend wird sie ins »malt-house« gebracht, wo sie auf dem Boden ausgebreitet wird. Nun kann die aufgeweichte Gerste keimen. Während dieses Vorgangs, der knapp eine Woche dauert, wird sie ständig gewendet. So wird verhindert, dass sie anfängt zu schimmeln.

Darren

Nun muss die gekeimte Gerste darren, d. h. dörren, trocknen. Dafür bringt man sie in den »kiln« (Ofen). Die »kilns« erkennt man an ihren pagodenförmigen Dächern, die das Erscheinungsbild einiger Brennereien dominieren und ihr Wahrzeichen sind. Hier wird die angefeuchtete Gerste auf einem Siebboden ausgebreitet. Daneben befindet sich ein mit Steinkohle oder in den meisten Fällen mit Torf (»peat«) befeuerter Ofen. Der dichte, durch die Gerste ziehende Rauch verleiht dem Korn eine ganz eigene Würze. Je nach Intensität und Dauer dieses Vorgangs erhält so der Whisky seinen typischen Geschmack. Aus der Gerste ist nun Malz geworden. Nach dem Trocknen wird das Korn in eine Reinigungsanlage gebracht, in der Fremdkörper, wie z. B. Steine, entfernt werden. Dann erst wird das Malz in der Mühle (»malt mill«) ganz fein gemahlen, man erhält so den »grist«.

Maischen

Der »grist« wird nun in den Maischebottich (»mash tun«) gegeben und mit heißem Wasser zu einem dicken Brei (»porridge«) vermischt. Diesen kocht man unter ständigem Rühren auf. Aus der Stärke wird Zucker, der ausgewaschen wird. Diese süße Flüssigkeit, die Maische, nennen die schottischen Brenner »wort«, also Würze. Die übrig gebliebenen Getreidereste dienen als Tierfutter. Weiterverarbeitet wir die Maische in Gärbottichen (»wash back«), welche aus Holz oder Stahl sein können. Hier wird ihr Hefe (»yeast«) beigefügt, um den Zucker im »wort« in Alkohol umzuwandeln. In riesigen verschlossenen, zwölf Meter hohen Bottichen mit über 50 000 Liter Fassungsvermögen gärt das Gebräu zu einem Sud (»wash«). Während dieses Vorgangs blubbert, brodelt und schäumt es. Der graue Schaum wird durch Ventilatoren, die unter dem Deckel des Bottichs angebracht sind, zerschlagen. Nach ca. drei Tagen ist die Gärung fertig, und man erhält einen Sud mit ungefähr 8 % vol. Alkohol.

Destillation

Das »wash« wird nun in Brennblasen, den »pot stills«, destilliert. Diese kupfernen Kessel spielen eine wichtige Rolle, denn sie dienen der Kondensierung unterschiedlicher Aromastoffe und verhindern die Bildung giftiger Verbindungen. Das Brennen unterteilt man in der Regel in zwei Stufen (in einigen Destillerien drei). In der ersten, größeren Brennblase (»wash still«) trennen sich die wässrigen von den alkoholischen Bestandteilen. Die Flüs-

Ein Mitarbeiter der Linkwood-Destillerie überprüft das in den Spirit Safe einlaufende Destillat.

sigkeit verdampft, und der Alkohol, welcher einen niedrigeren Siedepunkt als Wasser hat, steigt als Dampf auf. Beim Durchlaufen durch die Kühlschlange (»worm«), kondensiert er und wird wieder flüssig. Der so gewonnene Alkohol (»low-wine«) misst ungefähr 25 % vol. Er wird in die zweite Brennblase (»spirit still«), die etwas kleiner als die erste ist, gepumpt und ein weiteres Mal destilliert. Da aber nicht alles von diesem Destillat brauchbar ist, trennt der Brennmeister den ungenießbaren Fusel vom brauchbaren Alkohol, dem »spirit«. Hierfür fließt das Destillat durch einen kupfernen, mit Glasscheiben versehenen und verschlossenen Kasten (»spirit save«). Der Vorlauf (»foreshot«) und der Nachlauf (»feints«) sind trübe und ungenießbar. Nur das Herzstück (»heart«), der klare, qualitativ hoch stehende Alkohol (70 % vol.) wird in Fässer abgefüllt. Den unbrauchbaren Rückstand (»spents lees«) leitet man wieder in die »pot stills«, die kupfernen Brennblasen, zurück. Sie haben in jeder Destillerie eine eigene Form, ihr ganz unverwechselbares Aussehen. Einige sind eher zwiebelförmig, andere weisen einen recht langen Schwanenhals auf. Die Form bestimmt auch den Geschmack des Getränks: Lange Kondensatorenhälse bringen einen eher leichten Whisky, kurze, breite einen schweren Branntwein hervor. Da die kupfernen Brennblasen erodieren, müssen sie von Zeit zu Zeit ausgewechselt werden. Aber die neuen Kessel haben immer die gleiche Form wie ihre Vorgänger, sogar die Dellen und Beulen werden wieder übernommen. Beheizt werden die Kessel in der Regel durch eine am Boden liegende Brennspirale, durch die heißer Dampf läuft.

Lagerung

Zum Lagern von Whisky werden in Schottland meistens Bourbon- sowie Sherryfässer verwendet. In jüngster Zeit kommen aber auch immer mehr andere Eichenfasstypen auf. Ob es nun z. B. Rot- oder Weißweinfässer aus Frankreich oder portugiesische Portweinfässer sind, alle dienen dazu, dem Whisky eine weitere spezielle Geschmacksnote zu verleihen.

Bourbonfässer fassen 180 Liter und kommen aus den USA. Dort ist es den Whiskeyfirmen verboten, ein Fass zweimal zu verwenden, also werden sie nach Schottland verkauft. Die Bourbonfässer geben dem Whisky einen vanilleartigen Geruch. Je neuer das Fass ist, desto intensiver ist dieses Aroma später wahrzunehmen. Verwendung finden auch Sherryfässer. Der Sherry gehört zu den Lieblingsgetränken der Engländer und wurde in Fässern importiert, weshalb sie zahlreich vorhanden sind. Ob vorher ein süßer oder trockener Sherry in dem Fass lagerte, kann man später dem Aroma des Whiskys noch anmerken.

Das »hogshead« (238 L.) kann ein Bourbon- oder ein Sherryfass sein. Mit »butt« (500 L.) wird nur ein Sherryfass bezeichnet. Aber nicht nur das Fass spielt eine große Rolle bei dem Geschmack des Whiskys, sondern auch sein Lagerungsort. Liegt er auf einer Insel oder in den Höhen der Highlands? Ruht er in einem verschlossenen Raum oder wird die Halle häufig gelüftet?

Der frisch gebrannte Alkohol muss mindestens drei Jahre lagern, erst dann darf man ihn als Whisky bezeichnen. Die gängige Lagerungszeit für schottischen Whisky beträgt 8 bis 15 Jahre.

Abfüllen

Früher holte man die Fässer zum Abfüllen nur unter der Beaufsichtigung eines Zollbeamten aus den Lagerhäusern (»warehouse«). Auch heute noch wird genau darüber Buch geführt, an wen und in welchen Mengen der jeweilige Whisky verkauft wird. Auf Grund dieser Angaben werden Steuer und Zoll erhoben. Es gibt nicht einmal mehr eine Hand voll Brennereien, die ihren Whisky noch selber auf ihrem Gelände abfüllen. Die Fässer werden per Lastwagen in die großen Abfüllanlagen nach Glasgow gebracht. Der Whisky wird nun entweder fassstark, das heißt ohne Beimengung von Wasser, abgefüllt und behält dann seinen hohen Alkoholgrad. Oder aber, und das ist meistens der Fall, wird er auf 40–43 % vol. oder 46 % vol. verdünnt. In der Flasche reift der Whisky – anders als bei einem Wein – nicht mehr weiter. Das heißt, wenn man z. B. einen 15-jährigen Whisky kauft und ihn einige Jahre bei sich zu Hause lagert (immer stehend!), bleibt es dennoch ein 15-jähriger Whisky. Es gibt im Übrigen ganz verschiedene Abfüllungsarten, die auf dem Etiketten vermerkt sind: Eine Altersangabe, z. B. »15 years old«, zeigt an, wie alt der jüngste darin enthaltene Whisky ist. Ein Jahrgangswhisky, z. B. 1981, ist eine Mischung aus verschiedenen Fässern, die aber alle im Jahre 1981 destilliert wurden. Bei der Einzelfassabfüllung stammt der Inhalt hingegen aus einem einzigen Fass.

Farbe

Die eigentliche Farbe des Whiskys kommt durch das Holz des Fasses zustande. Wenn er in einem gewöhnlichen Eichenfass ruhte, wird es ein heller Whisky sein. Wenn er hingegen die ganze Zeit in einem Sherryfass lag, wird er dunkler. Es gibt Whisky, der zehn Jahre in einem Eichenfass lagerte und dann noch für z. B. zwei Jahre in ein Sherryfass umgeschüttet wird. Das ergibt dann einen »Doublewood«, dessen Grundcharakter lieblicher ist. Allerdings kann man davon ausgehen, dass die meisten Whiskys gefärbt sind. Um die Farbe zu schönen, wird Zuckercouleur verwendet, weil das sehr intensiv färbt. Deshalb benötigt man nur geringe Mengen, die keinen Einfluss auf den individuellen Geschmack des Whiskys haben. Bis vor einigen Jahren bestritten die meisten Brennereien, dass ihrem Destillat Farbstoff beigefügt wurde. Mittlerweile stehen sie ganz offen dazu. Verhält es sich nicht so, wird das eigens auf dem Etikett vermerkt.

Die Farbe des Whisky hängt vom Fass ab und will regelmäßig überprüft sein.

Whisky-Eldorado Speyside-Region: Von Braemar nach Elgin

Diese 175 km lange Tour führt in die **Speyside-Region**, benannt nach dem Fluss Spey. Hier befinden sich über 50 Malt-Whisky-Destillerien, die weltweit größte Konzentration an Brennereien. Auf schmalen, aber gut zu befahrenden Nebenstraßen wird das Herzstück der **Highlands** durchquert: Kahle Bergrücken wechseln mit weiten und engen Tälern. Zum Teil geht es entlang des berühmten **Malt Whisky Trails**, der an der Küste von Forres beginnt und nach Keith östlich des Spey führt. Brennereien bei **Dufftown**, der Hauptstadt des Whiskys, sind ebenso Teil der Route wie die berühmten Destillerien The Glenlivet, Macallan und Glenfiddich (Karte → S. 114, C 14–C 13; S. 115, D 13).

Braemar → Tomintoul

Man verlässt Braemar auf der A 93 Richtung Norden, die Straße führt durch das Tal des River Dee. In Crathie muss man links auf die B 976 abbiegen. Bei Gairnshiel Lodge geht es weiter auf der A 939, und man überquert den Fluss Gairn. Nach den kleinen Ortschaften Corgarff, Cock Bridge und Findron erreicht man das berühmte Whiskytal Glenlivet. Man bleibt auf der A 939 bis zur Abzweigung in die B 9136. Hier, im Tal des River Avon, liegt die Tomintoul Distillery.

Tomintoul Distillery

→ S. 114, C 14

In dieser sehr jungen und modernen Destillerie, die in einem wilden und romantischen Tal liegt, wird noch selbst abgefüllt. Sie wurde im Jahr 1964 gegründet, und nach zehn Jahren wurde die Anzahl der »stills« von zwei auf vier verdoppelt. In der Zeit ihres Bestehens hat die Brennerei mehrmals den Besitzer gewechselt. Ihr Whisky (der Acht- bzw. Zwölfjährige) wurde eine Zeit lang in eine Art überdimensionierter Parfümflasche abgefüllt. Die Brennerei produziert jährlich rund 2,7 Millionen Liter Alkohol. Obwohl man Tomintoul nicht von innen besichtigen kann, lohnt sich die Fahrt dorthin, denn die Anlage gilt architektonisch als eine der prachtvollsten.

Ballindalloch, Banffshire AB37 9AQ; Tel. 0 18 07/59 02 74; www.angusdundee.co.uk; E-Mail: sales@angusdundee.co.uk

Tomintoul → Minmore

Vom Ort Tomintoul aus fährt man weiter auf der B 9008. Vorbei an den beiden Mitte der 90er-Jahre geschlossenen Brennereien **Braeval** und **Tamnavulin** geht es durch eine abgelegene Gegend zum Dorf Minmore. Hier liegt inmitten sanfter Hügel eine der bekanntesten Whisky-Destillerien Schottlands: The Glenlivet Distillery.

The Glenlivet Distillery

→ S. 114, C 13

Der Name »Glenlivet« ist so berühmt, dass etliche andere Brennereien ihn ihrem eigenen Firmennamen gerne anhängen. Deshalb wurde schon 1880 Folgendes gerichtlich entschieden: Diese Destillerie hat das Monopol auf den Namen Glenlivet, und nur sie darf zudem das »The« im Firmennamen tragen. Gegründet wurde die Destillerie 1824, die heutigen Gebäude stammen aber aus dem Jahre 1858. Es war die erste Brennerei, die nach dem neuen Zollgesetz 1823 eine Lizenz erwarb. Der Schritt in die Legalität war für den Gründer und Besitzer George Smith aber auch ein großes Risiko. Er wurde von seinen ehemaligen Kumpanen, die ja ihr Destillat noch illegal brannten, bedroht, und deshalb trug er jahrelang Waffen bei sich. Noch heute zieren die Flaschen der verschiedenen Abfüllungen den Namen des Gründers und seines Sohnes: »destilled by George & J.B. Smith«. Mit ihren acht »stills« produziert die Brennerei große Mengen an Whisky, was aber nicht auf Kosten der Qualität geht: Der Whisky hat Struktur und Komplexität, wird nur aus schwach getorftem Malz hergestellt und mundet blumig. Mit großem Aufwand wurde die ehemalige Mälzerei in ein großes Visitor Centre umgebaut, in dem man auch essen kann. Bei der Führung durch die Brennerei erhält der Besucher einen Begrüßungstrunk.

Speyside; Minmore, Banffshire; Tel. 0 15 42/78 32 20; www.theglenlivet.com; April–Okt. Mo–Sa 10–16, So 12.30–16, Juli–Aug. Mo–Sa 10–18, So 12.30–18 Uhr; Eintritt 3 £, 2 £ werden beim Einkauf verrechnet

Minmore → Bridge of Avon

Weiter geht es auf der B 9008 Richtung Norden entlang der Flüsse Livet und Avon, bis man kurz vor Bridge of Avon links gen Westen die A 95 nimmt, um zur Cragganmore-Brennerei zu gelangen.

Cragganmore Distillery

→ S. 114, C 13

1869 gegründet, vertritt Cragganmore heute die Speyside Region bei den Classic Malts. Dort, wo die Flüsse Spey und Avon zusammenfließen, stehen die hübschen alten Gebäude, die immer schon an die Eisenbahn angeschlossen waren. Das war natürlich gerade in der damaligen Zeit gegenüber anderen Brennereien ein

Wunderschön in gleichnamigem Tal gelegen: The Glenlivet Distillery. Seit 1880 hat die Brennerei das Monopol auf den Namen.

großer Vorteil. Der Whisky ist reich sowie würzig im Geschmack und hat eine leichte Rauchfahne.
Speyside; Ballindalloch, Banffshire; Tel. 0 18 07/50 02 02; Mo–Fr 10–14 Uhr; Eintritt 3 £

Bridge of Avon → Marypark

Weiter auf der A 95 Richtung Marypark erreicht man bald die Glenfarclas Distillery.

Glenfarclas Distillery

S. 114, C 13

Die am Fuße des Ben Rinnes (840 m) gelegene, 1836 auf dem Gelände einer ehemaligen Farm gegründete Destillerie ist eine der ganz wenigen, die noch in Familienbesitz sind. Sie wurde jedoch nicht von der Familie Grant, der sie seit sechs Generationen gehört, erbaut. Glenfarclas besitzt sechs »stills«, übrigens die größten Brennblasen in der Speyside, die alle 20 Jahre ausgewechselt werden. Außerdem füllt die Brennerei ihren Malt selbst ab, den man in den verschiedenen Abfüllungen problemlos in allen Whisky-Geschäften kaufen kann. Glenfarclas ist ein vollmundiger Whisky, und der Sammler findet immer wieder seltene 30- bis 40-jährige Einzelfassabfüllungen.
Speyside; Marypark, Ballindalloch, Banffshire, Tel. 0 18 07/50 02 09; www.glenfarclas.co.uk; April–Sept. Mo–Fr 10–17, Juni–Sept. Mo–Sa 10–17, Okt.–März Mo–Fr 10–16 Uhr; Eintritt 3,50 £, wird beim Einkauf verrechnet

Marypark → Cardow

Von der B 95 muss man auf die B 9012 ein Stück Richtung Norden fahren, um zum Ort Cardow zu gelangen. Der Weg führt vorbei an der **Knockando Distillery,** die mit ihren vier »stills« einen fruchtigen (Himbeer und Erdbeer) und leicht torfigen Whisky hervorbringt. Besuchen kann man sie aber nur auf Anfrage (Tel. 0 13 40/81 02 05).

Thamdhu Distillery

S. 114, C 13

Gegründet 1897, wurde extra für die Destillerie ein Bahnhof angelegt, der den Namen Dalbeallie trug. Da seit einiger Zeit auf dieser Strecke keine Züge mehr verkehren, hat man ihm den Namen der Brennerei gegeben. Die Anzahl der »stills« der Tamdhu Distillery wurde in den 1970er-Jahren erst von zwei auf vier, später sogar auf sechs erhöht. Sehenswert sind die modernen so genannten »Saladin maltings«, in denen die Gerste automatisch gemälzt wird. Als Hinweis auf diese besondere Art des Mälzens ist auf dem Etikett der Eigenabfüllung eine stilisierte Ähre abgebildet. Außerdem pflegt man in Tamdhu die Tradition der hölzernen Gärbottiche. Das Wasser stammt aus dem Bach Tamdhu, der durch die Wälder von Spey fließt.
Speyside; Knockando, Aberlour, Banffshire; Tel. 0 13 40/87 22 00; auf Anfrage

Cardhu Distillery

S. 114, C 13

Cardhu war knapp 40 Jahre lang ein Single Malt, ein leicht trinkbarer, milder Whisky. Damit hatte die Brennerei großen Erfolg, vor allem in Spanien. Die Nachfrage war so groß, dass die Produktion nicht mehr nachkam. Deshalb verkaufte man von 2002 bis zum Frühjahr 2004 den Cardhu als Pure Malt, d.h., der Whisky wurde mit mindestens einem andern Single Malt gemischt. Damit war die Einzigartigkeit des Namens Cardhu beschädigt. Whisky-Liebhaber sahen darin eine Gefahr für die Zukunft des Single Malts, deshalb kehrte die Eigentümer-Firma Diageo wieder zur ausschließlichen Produktion von Single Malt zurück. Die Brennerei wurde 1824 gegründet und 1872 von Elisabeth Cumming, einer der wenigen Frauen in der Whisky-Geschichte, neu gebaut. Heute ist die Brennerei Cardhu, die früher Cardow hieß, ein Bestandteil des bekanntesten Blended Whisky überhaupt: Johnnie Walker.

Speyside, Aberlour, Morayshire; Tel. 0 13 40/87 25 52; Jan.–Feb. Mo–Fr 11–15, März–Juni Mo–Fr 10–16.30, Juli–Sept. Mo–Fr 10–18, Sa 10–16.30, So 11–16, Okt. Mo–Fr 10–16.30, Nov.–Dez. Mo–Fr 11–15 Uhr; Eintritt 3 £, wird beim Einkauf verrechnet

Cardow → Craigellachie

Fährt man die B 9012 weiter, trifft man kurz vor dem Ort Craigellachie auf die Macallan Distillery.

Macallan Distillery

⟶ S. 114, C 13

Einer der berühmtesten Malts wird hier hergestellt: Der wegen seiner ausgesprochenen Fruchtigkeit beliebte Macallan wird auch der »Rolls Royce unter den Malts« genannt. Die wie ein Schloss anmutende Brennerei wurde 1824 auf einem Hügel oberhalb des River Spey gegründet und ist berühmt dafür, dass hier der Malt in Oloroso-Sherryfässern lagert. Zwischen 1950 und 1975 wurde die Anzahl ihrer »stills« ständig erweitert, bis sie 21, wenn auch relativ kleine Brennblasen hatte. Es sind verschiedene Abfüllungen erhältlich, und in letzter Zeit werden ab und zu spezielle so genannte »Replicas« in begrenzter Stückzahl auf den Markt gebracht: Bei diesen Abfüllungen handelt es sich um einen Whisky, dessen Geschmack einem vor 100 Jahren hergestellten Whisky gleichen soll. Um diese spezielle Charakteristik zu erhalten, wurden mehrere tausend Fässer probiert, von denen nur ca. 30 Verwendung fanden. Diese reproduzierte Edition, der »1874er Macallan« beispielsweise, wird in nachgemachten Originalflaschen verkauft. Die Preise für diese »Replicas« sind natürlich sehr hoch, und für Sammler sind diese Flaschen ein Juwel. Als der ehemalige sowjetische Parteichef Chruschtschow vor ungefähr 40 Jahren Großbritannien besuchte, bezeichnete er den von ihm getrunkenen Macallan als den besten Cognac, den er je getrunken habe. So erzählt man es sich zumindest. Wahr ist jedoch, dass seine kräftige Farbe und sein würziger, harziger Geschmack an Cognac erinnern. Seit Herbst 2004 bietet Macallan einen neuen »Fine Oak Whisky« an, der nicht mehr in den üblichen Sherry-, sondern in Bourbonfässern gelagert wird.

Speyside; Craigellachie, Banffshire; Tel. 0 13 40/87 14 71; www.themacallan.com; Ostern–Okt. Mo–Sa 9–18, Nov.–Ostern Mo–Fr 9–17 Uhr; Eintritt frei

Craigellachie → Aberlour

Auf der anderen Seite des River Spey liegt der Ort Aberlour. Um dorthin zu kommen, muss man bei Craigellachie auf die A 95 nach Aberlour. Der 900 Einwohner zählende Ort ist mit seinem rechtwinkligen Straßenplan typisch für die Speyside Region. Vor Jahren wurde Aberlour als schönste Stadt Schottlands ausgezeichnet, ein Bummel durch die breiten Straßen lohnt sich also.

Aberlour Distillery

⟶ S. 114, C 13

Die Destillerie wurde 1826 gegründet, 53 Jahre später bei einem Großbrand zerstört, jedoch sofort wieder aufgebaut. Nahe der Brennerei liegt der Wasserfall Lynn of Ruthrie, dessen Quelle den klangvollen Namen »der Brunnen des Heiligen Dunstan« trägt. Man erzählt sich, dass in jenem Jahr, als Aberlour zweimal bei internationalen Spirituosenwettbewerben gewann, die schon beinahe versiegte Quelle wieder zu fließen begann. War es Zufall oder gar Hilfe aus dem Jen-

seits? Die Brennerei gehört seit 2002 dem Franzosen Pernod Richard, und der Aberlour ist gerade in Frankreich sehr beliebt. Seit dem Besitzerwechsel kann der Besucher sich bei der sehr individuellen Führung seine eigene Flasche abfüllen, mit einem persönlichen Etikett versehen und sie als Souvenir mit nach Hause nehmen.
Speyside; Charlestown of Aberlour, Banffshire; Tel. 0 13 40/87 12 04; www.aberlour.co.uk

HOTELS/ANDERE UNTERKÜNFTE

Craigellachie Hotel
Exklusives Hotel in Craigellachie, das wegen seiner Bar mit über 550 Whisky-Sorten weltberühmt ist und schon mehrfach von verschiedenen Whisky-Zeitschriften zum »Hotel des Jahres« gewählt wurde.
Craigellachie; Tel. 0 13 40/88 12 04, Fax 88 12 53; 25 Zimmer ●●●● CREDIT

Craigellachie → Dufftown

Nur 8 km sind es auf der A 941 bis Dufftown, das mit seinen acht Brennereien als »Whisky-Hauptstadt« gilt. Kurz nach Craigellachie kommt man an der **Speyside Cooperage** vorbei, einer Fassböttcherei, in deren Hof sich die Holzfässer für die umliegenden Brennereien stapeln. In dem breiten Tal des River Fiddich liegt die 1985 stillgelegte **Convalmore Distillery**.

Dufftown

→ S. 114, C 13

Das Wahrzeichen des einst zum Textilzentrum ausgebauten Dörfchens ist der steinerne Glockenturm, der früher Stadtgefängnis war. Der Name des Ortes war erst Balvenie, nach dem Schloss, dessen Ruine immer noch am Ortsrand steht. Als 1673 der Earl of Fife, Alexander Duff of Braco, das Schloss kaufte, wurde der Ort nach ihm benannt: Dufftown (ausgesprochen Daff-ton). Bevor in der zweiten Hälfte des 20. Jh. zwei neue Brennereien entstanden, **Pittyvaich** (bereits wieder abgerissen) und **Kininvie**, lagen in und um Dufftown sieben Destillerien. Da entstand der stolze Spruch: »Rome was built on seven hills – Dufftown stands on seven stills«. Im Osten der Stadt liegen die zwei Destillerien **Dufftown** und **Glendullan**, beide sind gegen Ende des 19. Jh. gegründet und nicht zu be-

Wo viel Whisky, dort auch viele Fässer: Böttcher in einem Fasslager in der Whisky-Hauptstadt Dufftown.

sichtigen. Die **Allt-A-Bhainne Distillery,** 13 km südwestlich der Stadt gelegen, wurde erst 1957 eröffnet. Ihre Malts sind Bestandteil des Chivas Blends und kommen nur in Abfüllungen von unabhängigen Abfüllern auf den Markt.

Hotels/andere Unterkünfte/ Essen und Trinken

Commercial Hotel
Nur wenige Meter vom Glockenturm entfernt. Einfache Zimmer, aber sehr gemütliche Atmosphäre.
4 Church Street; Tel. 0 13 40/82 03 13; 7 Zimmer ●● CREDIT

Five Arms Hotel
Im Zentrum gelegenes, kleines Hotel. Es hat ein eigenes Restaurant und eine Bar.
2 The Square; Tel. 0 13 40/82 02 20; 12 Zimmer ●● CREDIT

Grouse Inn
Die Familie McBain führt das Haus seit 1938. An der Bar und im Restaurant findet man über 700 Whiskyflaschen, davon sind 238 in Vitrinen ausgestellt, über 400 sind im Ausschank erhältlich: ein Paradies für jeden Whisky-Liebhaber.
11 km von Dufftown an der A 941, Grouse Inn; Tel. 00 44/14 66 70 22 00; www.dufftown.co.uk/grousein.htm; tgl. 10–18 Uhr zum Essen, die Bar bis 23 Uhr

Die Glenfiddich-Destillerie eröffnete als Erste ein Besucherzentrum.

Glenfiddich Distillery

→ S. 114, C 13

Der berühmteste und meistgetrunkene Malt Whisky der Welt: Glenfiddich. Die Brennerei liegt nördlich des Stadtzentrums an der Kreuzung von A 941 und B 975. In den 1960er-Jahren konnte man Glenfiddich in Dutyfreeshops, später auch in anderen Geschäften als ersten Malt Whisky kaufen. Die Idee hierzu hatten die Besitzer Grant, welche jedoch nicht verwandt sind mit den Grants der Glenfarclas Distillery. 1887 gegründet, ist Glenfiddich immer im Besitz der Familie William Grant geblieben. Traditionell werden einige Brennblasen mit Kohle beheizt, und der Whisky, fast ausschließlich in unbehandelten Eichenfässern gelagert, wird noch immer auf dem Gelände abgefüllt. Die grünen dreieckigen Flaschen mit dem Emblem des Hirschkopfes weisen auf die Lage der Brennerei hin: »Fiddich« bedeutet »Tal des Wildes«. Glenfiddich hat die unglaubliche Anzahl von 30 »stills«, und sie war die erste Destillerie, die ein Besucherzentrum eröffnete.
Speyside; Dufftown, Bannfshire; Tel. 0 13 40/82 03 73; www.glenfiddich.com; Mo–Fr 9.30–16.30, Ostern–Mitte Okt. Sa 9.30–16.30, So 12–16.30 Uhr; Eintritt frei

Balvenie Distillery

→ S. 114, C 13

Die Schwester-Destillerie von Glenfiddich, die seit ihrer Eröffnung im Jahr 1892 auch der Familie Grant gehört. Außerdem liegt Balvenie gleich neben Glenfiddich. Zu dem Geschwisterpaar gesellt sich noch die **Kininvie Distillery,** die 1990 ebenfalls von Grant in unmittelbarer Nachbarschaft eröffnet wurde, von der aber noch keine Abfüllungen auf dem Markt sind. Der Name »Balvenie« wurde vom **Balvenie Castle** übernommen, dessen Ruinen auf einem Hügel über der Stadt liegen. Es wurde zu Beginn des 13. Jh. erbaut, dann aber vom Eigentümer an das schottische Königshaus verkauft. Als der ursprüngliche Besitzer es später zurückkaufen wollte, stellte der König zwei Bedingungen: Die Tochter des ehemaligen Eigentümers musste einen treuen Leutnant der königlichen Armee heiraten und dem König jedes Jahr einen Tribut in Form einer roten Rose zahlen. Aus diesem Grund findet man die Rose im Wappen von Balvenie, wo die Gerste selbst angebaut und gemälzt wird. Der Geschmack des »Balvenie«, der unter den Malts als Aristrokrat, als Luxus gilt, ist typisch für den Stil der Speyside-Region: ein Gemisch aus Honig, Heidekraut und Rauch. Leider kann man die Brennerei nicht besichtigen.

Speyside; Dufftown, Banffshire, AB55 4BB; Tel. 0 13 40/82 00 00; www.balvenie.com; für Besuch bei Glenfiddich anfragen

Mortlach Distillery

S. 114, C 13

Im Osten Dufftowns, an der Kreuzung von A 941 und B 9014 in einer Talmulde, liegt die 1823 gegründete Brennerei. Der Whisky von Mortlach vereinigt alle Momente eines guten Speyside Whisky: Blumigkeit, Rauch, Malz, Torf und eine Fruchtnote. Die Destillerie arbeitet mit den unterschiedlichsten Brennblasen, was die Komplexität des Whiskys bedingt. Offiziell werden in der Brennerei keine Besucher empfangen, man kann aber anrufen und einen Termin vereinbaren. In der Nähe von Mortlach liegt eine der ältesten Kirchen des Landes: die 566 erbaute **Mortlach Church.**

Dufftown; Banffshire AB55 4 AQ, Tel. 0 13 13/37 73 73 (Eigentümer: UDV/ Diageo)

Dufftown → Rothes

Rothes ist eine der Whisky-Städte der Speyside. Um den ca. 13 km nördlich von Dufftown an der A 941 gelegenen, kleinen Ort scharen sich fünf Destillerien: **Caperdonich,** die 1897 gegründet und im Jahre 2002 stillgelegt wurde, **Glen Grant, Glenrothes, Glen Spey** und **Speyburn.** Die beiden letztgenannten Brennereien sind eher unbekannt und für Besucher nicht geöffnet.

Glen Grant Distillery

S. 114, C 13

Die Brennerei wurde 1840 von John und James Grant gegründet, die beide von Technik fasziniert waren und die Brennerei schon damals mit Elektrizität ausstatteten. Ihr Malt Whisky gilt als der meistverkaufte Einzelwhisky und ist vor allem in Italien ein großer Erfolg. Auf dem Markt ist der Glen Grant die Nummer zwei nach Glenfiddich. Die acht »stills« von Glen Grant werden noch immer mit Kohle geheizt, was äußerst selten ist. Sie ist die einzige Brennerei in Rothes, die ein Visitor Centre hat und besucht werden kann.

Speyside; Rothes, Morayshire; Tel. 0 15 42/78 33 18; März–Okt. Mo–Sa 10–16, So 11.30–16, Juni–Sept. Mo–Sa 10.30–17, So 11.30–17 Uhr; Eintritt 3 £, 2 £ werden beim Einkauf verrechnet

Glenrothes

S. 114, C 13

Die Brennerei wurde 1878 im Tal des Burn of Rothes gebaut, gleich gegenüber einem Friedhof. Ob diese

Lage einen Einfluss auf den Geschmack des Whiskys hat? Der Erfolg, den der Glenrothes-Whisky in den letzten Jahren hat, beweist das Gegenteil. Der Malt hat eine runde, fruchtige Süße und ist eher selten im Handel erhältlich. Zweimal wurde die Anzahl der »stills« erhöht: Heute sind es zehn. Die Brennerei liefert Whisky für die Blends von Cutty Sark und Famous Grouse. Glenrothes erlebte am 15. Mai 1922 einen verheerenden Brand: Das Lagerhaus ging in Flammen auf, und 800 000 Liter brennender Whisky flossen in einen vor der Destillerie vorbeilaufenden Bach. Es gibt lediglich private Führungen auf Einladung.

Speyside; Rothes, Morayshire; Tel. 0 13 40/83 12 48; www.glenrotheswhisky.com; keine Besucher

Rothes → Huntly

Man muss wieder nach Dufftown zurück, um von dort ungefähr 20 km auf der A 920, entlang den Ausläufern der Grampian Mountains, bis Huntly zu fahren. In und um Huntly herum befinden sich einige Brennereien, darunter die namhafte Glendromach Distillery.

Die Destille muss regelmäßig kontrolliert werden. Hier ein Mitarbeiter der Destillerie Glen Grant in Rothes bei Dufftown.

Huntly

→ S. 115, D 13

Huntly war im 18. Jh. bekannt, da hier ein Drittel der Leinenproduktion Schottlands verarbeitet wurde. Diese Industrie ging Anfang des 19. Jh. zugrunde, als preiswertere Baumwolle aus Amerika importiert wurde. Die Geschäfte des Ortes lohnen einen Besuch: viele kleine Läden mit zivilen Preisen. Dem Reisenden bieten sich hier gute Übernachtungsmöglichkeiten, um am nächsten Tag die Besichtigungen der Destillerien fortzusetzen. Der Whisky-Liebhaber findet in unmittelbarer Nähe neben der Glendromach Distillery die **Glen Garioch Distillery,** die jedoch nicht für Besucher zugänglich ist.

Hotels/andere Unterkünfte

Castle Hotel

Exklusives Hotel im Norden der Stadt gleich hinter Huntly Castle. Das Gebäude ist ein Palast aus dem 18. Jh. Zum Hotel gehört das Restaurant **Huntly Room** mit exzellenter schottischer Küche.

Huntly; Tel. 0 14 66/79 26 96, Fax 79 26 41; www.castlehotel.uk.co; 20 Zimmer ●●●● CREDIT

Huntly Hotel

Im Zentrum des Ortes gelegenes Hotel. Es hat eine Loungebar, eine öffentliche Bar sowie ein Restaurant.

18 The Square; Tel. 0 14 66/79 27 03, Fax 79 29 03; www.huntlyhotel.co.uk; 11 Zimmer ●● CREDIT

Die Strathisla-Destillerie: Die Pagoden bedachen die »kilns«, die Ofengebäude, in denen die Gerste getrocknet wird.

Glendronach Distillery

S. 115, D 13

Die Glendronach Brennerei liegt ungefähr 15 km östlich von Huntly. Kurz nach Huntly biegt man von der A 96 auf die A 97 und fährt bis Bogniebrae. Dort geht es rechts ab auf die B 9001, man bleibt auf dieser Straße bis zur Abzweigung der B 9024. Von hier sind es nur noch ein paar Meter zur Glendronach Distillery.

Die Brennerei, 1826 gegründet, wird nicht nur wegen des Whiskys geschätzt, sondern auch wegen ihrer idyllischen Lage im Gerstenanbaugebiet im Tal von Dronac Burn. Hier mälzt man heute noch einen Teil der Gerste selbst. 1996 wurde die Brennerei geschlossen und erst sechs Jahre später wieder eröffnet. Sie besitzt vier »stills«, die mit Kohle befeuert werden, wodurch eine karamellartige Malzigkeit entsteht. Der Name der Brennerei findet sogar in einem Vers aus dem 19. Jh. Erwähnung: »Redcurrant jelly is good for the belly/Ginger and nuts are good for the guts/But the wine of Glendronach is good for the stomach« (»Johannisbeergelee ist gut für den Bauch/Ingwer und Nüsse sind gut für den Darm/Aber der Wein von Glendronach ist gut für den Magen«).

Speyside; Forgue, Huntly, Aberdeenshire; Tel. 0 14 66/73 02 02; Shop Mo–Fr 9–16, Tour Mo–Fr 10 und 14 Uhr; Eintritt frei

Huntly → Keith

Von Huntly geht die Fahrt weiter auf der A 96 Richtung Elgin. Nach knapp 20 km erreicht man den Ort Keith, in dem vier Brennereien ansässig sind, wobei eine, die 1957 eröffnete **Glen Keith Distillery,** seit 1999 geschlossen ist. Auch die **Strathmill** und **Glentauchers Destillerien** sind nicht zu besichtigen.

Strathisla Distillery

S. 115, D 13

Die wohl schönste Whisky-Destillerie Schottlands, mit ihren zwei Pagodendächern und dem Mühlrad, liegt nur ein paar hundert Meter vom Ortszentrum entfernt. Im 13. Jh. befand sich an dieser Stelle eine von Mönchen betriebene Brauerei. Ihr Whisky wurde seit der Gründung 1786 »Strathisla« genannt, die Brennerei selbst hieß zuerst »Milltown«. Später wurde der Destillername dem Whiskynamen angepasst. Den Rundgang in der Brennerei kann man ohne persönliche Führung machen, der Besucher bekommt Informationsmaterial in deutscher Sprache. Am Schluss der Besichtigung erfolgt dann ein »Nosing« mit Whisky in verschiedenen Altersstufen.

Speyside; Keith, Banffshire; Tel. 0 15 42/78 30 44; www.chivas.com;

April–Okt. Mo–Sa 10–16, So 12.30–16 Uhr; Eintritt 4 £, wird beim Einkauf verrechnet

Keith → Elgin

Nachdem man Keith hinter sich gelassen hat, führt die A96 direkt an den gewaltigen Lagerhäusern der Firma Chivas vorbei. Über Fochaber und Lhanbryd erreicht man schließlich die letzte Etappe dieser Route: die 20 000 Einwohner zählende Stadt Elgin.

Elgin

→ S. 114, C 14

Hier wurde im Jahre 1040 König Duncan von MacBeth erschlagen. Er wurde nicht, wie in William Shakespeares Drama »Macbeth«, auf Cawdor Castle ermordet. Dass die Stadt im Mittelalter eine wichtige Rolle spielte, bezeugen die Überreste der einst prächtigsten **Kathedrale** Schottlands und des **Bischofspalastes**. In der Altstadt sind noch einige sehenswerte Häuser aus dem 17. und 18. Jh. erhalten. Rund um Elgin liegen neun Destillerien, von denen nur die drei wichtigsten aufgeführt sind.

Hotels/andere Unterkünfte/Essen und Trinken

Hotel Laichmoray

Erbaut im viktorianischen Stil, gibt es das Hotel schon beinahe 150 Jahre. Es liegt etwas südlich vom Zentrum. Das Restaurant bietet internationale Speisen an.

Maisondieu Road; Tel. 0 13 43/54 00 45, Fax 54 00 45; www.laichmorayhotel.co.uk; 34 Zimmer ●●● CREDIT

Mansion House Hotel

Das Haus aus dem 19. Jh. wirkt wie ein Schloss. Es liegt nur einige Minuten zu Fuß von Zentrum entfernt. Das Restaurant bietet traditionelle Küche an.

The Haugh; Tel. 0 13 43/54 88 11, Fax 54 79 16; www.mansionhousehotel.co.uk; 23 Zimmer ●●● CREDIT

Sehenswertes

Elgin Cathedral

Heute ist die ehemals zweitgrößte Kathedrale Schottlands nur noch eine Ruine am südwestlichen Stadtrand. Der erste Bau aus dem 13. Jh. wurde zusammen mit der Stadt in einem Racheakt 1390 zerstört. Es folgten Plünderungen und weitere Zerstörungen. Von den gewaltigen Ausmaßen der

Die Überreste der gotischen Kathedrale von Elgin aus dem 13. Jahrhundert zeugen von einer großen Vergangenheit.

MERIAN-Tipp

8 Gordon & MacPhail

Mitten in der Stadt, an der South Street 58–60, liegt das Verkaufsgeschäft einer der bekanntesten Firmen, die Whisky abfüllen. Gordon & MacPhail haben als so genannte unabhängige Abfüller unter ihrem Etikett sehr viele Malt Whiskys auf den Markt gebracht. Etliche, die es auch als Destillerie-Abfüllung gibt, aber auch solche, die sonst nie auf den Markt gekommen wären. Hier kann man einen speziellen Scotch oder einen seltenen Malt-Jahrgang finden, den man schon lange gesucht hat. In dem Geschäft gibt es jedoch nicht nur Whisky, sondern auch noch andere Delikatessen. → S. 114, C 13

Kathedrale bekommt man bei der Besichtigung einen Eindruck: Die Glockentürme, die Westfassade, der Chor und das Kapitelhaus sind noch gut erhalten.

April–Sept. Mo–Sa 9.30–18, So 14–18 Uhr, Okt.–März Mo–Do, Sa 9.30–16, So 14–16 Uhr

Glen Moray Distillery

→ S. 114, C 13

Westlich der Stadt Elgin liegt an der A 96, in der Nähe des River Lossie, Glen Moray. 1897 an einem Ort, an dem früher Hexen verbrannt wurden, gegründet, hat sie heute vier »stills«. Neben der Ähnlichkeit des Namens haben Glen Moray und Glenmorangie noch weitere Gemeinsamkeiten: Sie gehören demselben Konzern an (Glenmorangie plc), sie waren früher Brauereien und ihr Whisky lagert in Weinfässern. In Glen Moray verwendete man zum ersten Mal Weißweinfässer (Chardonnay und Chenin-Blanc) und der Anklang an Wein ist eine Stilrichtung des Glen Moray. Er ist ein leichter Whisky, was ihn besonders bei Frauen beliebt macht.

Speyside; Elgin, Morayshire; Tel. 0 13 43/54 25 77; www.glenmoray.com; Mo–Fr 9–17, Juni–Sept. Mo–Sa 9–17 Uhr; Eintritt 2 £, wird beim Einkauf verrechnet

Linkwood Distillery

→ S. 114, C 13

Linkwood liegt an der A 941 südlich von Elgin, am River Lossie. Die Brennerei ist von Wald umgeben, auf dem 4 ha großen Areal wachsen zahlreiche Blumen, und vor allem Schmetterlinge fühlen sich hier wohl. Die mit sechs »stills« ausgerüstete Brennerei wurde 1821 von Peter Brown gegründet und wechselte mehrmals den Besitzer. Es gibt zwei Brennhäuser, eins noch aus den Gründerjahren, dessen Destillat etwas kräftiger ist als das des in den 1960ern erbauten Brennhauses. Der Linkwood mundet blumig, nach Rosen, und hat insgesamt einen fruchtigen Charakter. Es existiert kein Visitor Centre, Besuche sind aber nach Anmeldung möglich. Abgefüllt wird der Whisky durch Gordon & MacPhail.

Speyside; Elgin, Morayshire; Tel. 0 13 43/54 70 04; auf Anfrage

Longmorn Distillery

→ S. 114, C 13

Die acht »stills« von Longmorn produzieren einen hervorragenden Malt Whisky, der – obwohl kaum bekannt – nur sehr schwer erhältlich ist. Kenner loben seine Komplexität und sein mächtiges Bukett mit langem Abgang. Die 1894/95 erbaute Brennerei steht angeblich an der Stelle einer alten Kapelle, deshalb auch ihr Name: Er leitet sich ab von dem gälischen Wort »Lhanmorgund«, was »Ort des heiligen Mannes « bedeutet.

Elgin, Morayshire IV30 3SJ; Tel. 0 15 42/78 30 42

Auf dem Weg zum Ungeheuer von Loch Ness: Von Elgin nach Inverness

Die fünfte Route verläuft im Nordosten Schottlands. Die Strecke führt von Elgin ins Skizentrum des Landes bei **Aviemore** bis zum berühmt berüchtigten **Loch Ness**. In den **Grampian Mountains** kann man **sportlichen Aktivitäten** wie beispielsweise Klettern, Mountainbiking, Wassersport nachgehen. In dem dortigen **Nationalpark** sind viele Pflanzen- und Tierarten zu entdecken, und in der nahe gelegenen Kleinstadt **Inverdruie** findet man das beste Whisky-Geschäft der Region. Weiter geht es nach **Inverness**, der Hauptstadt der Highlands. Neben dem **Culloden Schlachtfeld** und sehenswerten Burgen liegen auch drei Whisky-Brennereien an der Route, wovon eine zu einem Museum umgestaltet worden ist. Die insgesamt 160 km auf den gut ausgebauten Straßen kann man – je nach Verweildauer – in ein bis zwei Tagen gut bewältigen. (Karte → S. 114, C 13–A 13)

Elgin → Forres

Man verlässt Elgin in westlicher Richtung auf der A 96. Nach 20 km wird die Kleinstadt **Forres** (9000 Einwohner) erreicht, in der zwei Brennereien zu besichtigen sind. Die Dallas Dhu Distillery ist heute ein Museum.

Benromach Distillery

→ S. 114, B 13

Die 1898/1900 erbaute Brennerei mit ihren zwei »stills« liegt im Norden der Stadt Forres, gleich hinter der Bahnlinie. Seit ihrem Bestehen wurde die Destillerie immer wieder geschlossen und wechselte häufig den Besitzer, bis die Firma Gordon & MacPhail's die Destillerie schließlich 1992 kaufte und jahrelang renovierte. Zum 100. Geburtstag wurde Benromach 1998 feierlich von Prinz Charles wieder eröffnet. Zu diesem Anlass erschien eine limitierte Abfüllung eines »Benromach Centenary«, der 17 Jahre lang gereift war. Die letzten beiden Jahre ruhte der Whisky in uralten Sherryfässern. Dieser Whisky hat eine für einen Benromach untypische rauchige und nussige Note. Die herkömmlichen Abfüllungen schmecken eher fruchtig und süß. Im Jahre 2008 soll zum ersten Mal eine Originalabfüllung der Destillerie in den Verkauf kommen.

Speyside; Forres, Morayshire; Tel. 0 13 09/67 59 68; Okt.–März Mo–Fr 10–16, April–Sept. Mo–Sa 9.30–17, Juni–Aug. So 12–16 Uhr; Eintritt 2 £, wird beim Einkauf verrechnet

Forres → Aviemore

Weiter geht die Fahrt nun in südlicher Richtung auf der A 940. Am Anfang der 55 km bis Aviemore ist die Gegend eher flach, was sich bei Tomdow nach der Überquerung des River Divie schnell ändert. Die Gegend wird gebirgig, man fährt direkt in die Grampian Mountains hinein. Kurz vor Dava biegt man auf die A 939 und kommt über Annaboard und Glaschoil nach Grantown on Spey. Von hier aus geht es 23 km entlang dem River Spey bis zur Ortschaft Aviemore (2000 Einwohner).

Aviemore

→ S. 114, B 14

Durch die Entdeckung des **Cairngorm-Gebirges** als Skigebiet wandelte sich das verschlafene Dorf Aviemore in den 60er-Jahren zum modischen Reiseziel. Das ging nicht ohne – mittlerweile zum Teil beseitigte – Bausünden ab. Neben dem Skifahren eignet sich die Kleinstadt als Standort für viele **Outdoor-Aktivitäten**, insbesondere Wandern, Klettern und Wasser-

MERIAN-Tipp

9 Dallas Dhu Distillery (Museum)

Nur drei Kilometer südlich von Forres liegt diese malerische kleine Whisky-Brennerei, die 1899 von Wright & Greig Ltd., einem Unternehmen aus Glasgow, gegründet wurde. 1939 brannte das »still house« völlig nieder, schließlich schloss die Brennerei 1983 ihre Tore für immer. Seit 1992 ist sogar die Lizenz erloschen. Nach der Schließung wurde die Brennerei an die schottische Denkmalschutzbehörde, die »Historic Scotland«, verkauft, die ein Whisky-Museum daraus machte. Hier bekommt der Besucher ein sehr genaues Bild davon, wie vor über 100 Jahren Whisky gebrannt wurde: Die Gebäude und die Einrichtung sind seit der Gründung fast nicht verändert worden, man spürt förmlich den Geist der Jahrhunderte durch die Gebäude ziehen.

Forres; Tel. 0 13 09/67 65 48; www.historic-scotland.gov.uk; Mo–Sa 9.30–18.30, So 14–16 Uhr, im Winter Do nachmittag und Fr geschl.

→ S. 114, B 13

sport. Seit 2003 ist das Cairngorm-Gebirge ein **Nationalpark**. Er erstreckt sich von Graytown-on-Spey im Norden bis zu den Angus Glens im Süden, von Ballater im Osten bis Laggan im Südwesten: 3800 qkm, mit tundraähnlichen Berghängen, ausgedehnten Nadelwäldern und von Heidekraut bedeckten Mooren: ein Hort für viele seltene Pflanzen- und Tierarten.

Hotels/andere Unterkünfte

Cairngorm Hotel
Schlossähnlicher Hoteltrakt in wunderschöner Berglandschaft. Eigenes Restaurant.
Grampian Road; Tel. 0 14 79/81 02 33, Fax 81 07 91; www.cairngorm.com; 32 Zimmer ●●● CREDIT

Corrour House Hotel
Landhaushotel auf dem Gut Rothiemurchus mit schönem Blick auf die Cairngorm-Gipfel.
Tel. 0 14 79/81 02 20, Fax 81 15 00; www.corrourhousehotel.co.uk; 8 Zimmer; ●● MASTER VISA

Ravenscraig Guesthouse
Im südlichen Teil Aviemores gelegen. Gästehaus mit gemütlichen Zimmern. Schöne Aussicht auf die Cairngorm Mountains.
141 Grampian Road; Tel. 0 14 79/81 02 78, Fax 81 27 42; www.aviemoreonline.com; 12 Zimmer ●● CREDIT

Service

Auskunft
Tourist Information Centre, Grampian Road, Aviemore; Tel. 0 14 79/81 03 63; www.aviemore.co.uk

Ziele in der Umgebung

Cairngorm Whisky Centre

→ S. 114, B 13

Südöstlich von Aviemore, in Inverdruie gelegen, befindet sich das Cairngorm Whisky Centre. Es verfügt über eine ausgezeichnete Auswahl an Whisky-Sorten. Im »Tasting-Room« stehen Malt Whiskys von über 90 verschiedenen Destillerien zum Probieren bereit. Ein Geschäft für Whisky-Freunde, denn wo kann man schon so viele unterschiedliche Whiskys probieren?
Inverdruie, Aviemore; Tel. 0 14 79/81 05 74; Mo–Sa 9.30–17.30, So 12.30–16.30 Uhr

Aviemore → Tomatin

Das nächste Ziel ist die Tomatin Distillery. Man fährt von Aviemore auf der A9 Richtung Inverness. Nach knapp 30 km überquert man den River Findhorn. Gleich danach kommt eine Abzweigung zum Dorf Tomatin, in dem die Brennerei liegt.

Alles rund um den Schottenrock lernt man im Kiltmaker Visitor Centre in Inverness kennen.

Tomatin → Inverness

Weiter geht es bergab die A 9 entlang bis zum Ort Daviot, der fast auf Meereshöhe liegt. Von Daviot fährt man zuerst auf der B 851 am River Nairn entlang, nach 6 km trifft man auf die B 9006. Nach ca. 1 km erreicht man das Schlachtfeld von **Culloden Moor,** Schauplatz der letzten Schlacht (16. April 1746) zwischen schottischen und englischen Truppen im Herrschaftskampf der katholischen Stuart-Dynastie. Wie die Schlacht verlief und wieso die Schotten hier verloren, zeigt ein Film in dem modernen Visitor Centre (April–Okt. tgl. 10–17.30 Uhr). Culloden Moor verlässt man auf der B 9006 in nordöstlicher Richtung und bleibt auf dieser Straße bis zur Einfahrt auf die A 96.

Tomatin Distillery

→ S. 114, B 13

Um der steigenden Whisky-Nachfrage gerecht zu werden, wurde 1897 die Tomatin Destillerie in luftiger Höhe (315 m) erbaut. Sie zählt zu den höchst gelegenen Brennereien Schottlands und expandierte in den 50er- bis in die 70er-Jahre: Es wurde damals von zwei auf 23 »stills« aufgerüstet. Heute produziert die Tomatin Destillerie mit ihren zwölf betriebenen Brennblasen landesweit den meisten Whisky. Damit liegt sie im internationalen Vergleich auf Platz zwei hinter der japanischen Suntory Whisky Brennerei. Tomatin wurde als erste schottische Brennerei 1975 von einer japanischen Firma gekauft. Deshalb wird der meiste Whisky nach Japan exportiert und ist hier zu Lande wenig bekannt. Die moderne Anlage erinnert eher an eine Raffinerie als an eine Destillerie.

Tomatin Inverness-shire; Tel. 0 18 08/51 14 44; www.tomatin.com; April–Nov. Mo–Fr 9–16.30, Mai–Okt Sa 9–13 Uhr; Eintritt frei

Inverness

→ S. 114, A 13

Inverness ist mit 41 000 Einwohnern das größte Handelszentrum der Gegend. Die Stadtmitte bietet keine Überraschungen, die schönen klassizistischen Häuserfassaden findet man an den Ufern des River Ness. Auf dem **Castle Hill** entstand im 11. Jh. das erste Schloss, in dem angeblich König Macbeth residierte. Im 12. Jh. wurde Inverness zur »Royal Burgh« erhoben. 600 Jahre später, während der Jakobiten-Aufstände gegen die Engländer, brannte der Ort völlig nieder. Erst im 19. Jh. wurden die Stadt und das Schloss, das heute als Verwaltungsgebäude genutzt wird, wieder aufgebaut.

Hotels/andere Unterkünfte

Culloden House

Georgianisches Herrenhaus, außerhalb der Stadt, das über ein gutes Restaurant verfügt. Hier übernachtete Bonnie Prince Charlie in der Nacht vom 15. auf den 16. April 1746.

Culloden; Tel. 0 14 63/79 04 61, Fax 79 21 81; www.cullodenhouse.co.uk; 23 Zimmer ●●●● CREDIT

Glen Mhor Hotel
Direkt am River Ness gelegen, südlich vom Castle Hill. Trägt den Namen einer ehemaligen Whisky-Destillerie. Gutes Restaurant mit großer Weinkarte.
9–12 Ness Bank; Tel. 0 14 63/23 43 08, Fax 71 31 70; www.glen-mhor.com; 45 Zimmer ●●● CREDIT

Inverness Marriot Hotel
Hübsches Landhaus, am östlichen Stadtrand gelegen. An der Straße, die von Inverness nach Culloden Moor führt.
Culcabock Road; Tel. 0 14 63/23 71 66, Fax 22 52 08; www.marriot.com; 82 Zimmer ●● CREDIT

EINKAUFEN

Kiltmaker Visitor Centre
5 Hier kann man nicht nur einen Kilt (nach Maß) erstehen, sondern auch alles nur Vorstellbare im »Tartan«-Muster bewundern. Die Farbgebung des Schottenrocks gab zu Zeiten der Clans Auskunft über die Zugehörigkeit. Heute noch findet man über 650 verschiedene Muster. Anhand einer Video-Präsentation können Kunden mitverfolgen, wie ein Kilt geschneidert wird.
4–9 Huntly Street (am Fluss)

SEHENSWERTES

Loch Ness → S. 114, A 13
6 Dank dem Ungeheuer Nessie ist Loch Ness Schottlands berühmtester See, dessen Schönheit alles andere als lieblich ist. Das mit bis zu 325 m ungewöhnlich tiefe Gewässer ist 36 km lang, aber nur 1,5 km breit. Beim Anblick des oft grauen Wassers und der steilen Berge versteht man leicht, warum sich Legenden um diesen kalten, dunklen See ranken. Der Besuch der **Loch-Ness-Monster-Ausstellung** in Drumnadrochit am Nordufer gehört zu Recht zum Pflichtprogramm jedes Highland-Urlaubes. Lohnend ist eine Fahrt auf der kaum benutzten Nebenstrecke am Ostufer. Auf der gegenüberliegenden Seite steht **Urquhart Castle**, eine der weitläufigsten Burgruinen Schottlands.
24 km von Inverness

The Official Loch Ness Monster Exhibition Centre
Sachlich wird hier die Geschichte rund um »Nessie« dokumentiert. Man kann auch bequem zu Hause das Ungeheuer suchen, unter www.lochness.co.uk/livecam.
Drumnadrochit; Tel. 0 14 56/45 05 73; tgl. 9–20 im Sommer, bis 16 Uhr im Winter; Eintritt 5,95 £

Das Urquhart Castle ist weniger berühmt als der See, an dem es sich befindet. Um Loch Ness ranken sich Sagen von einem nie gesehenen Ungeheuer.

Uisge Beatha: Das Lebenswasser der Schotten

Eine Einführung für alle Whisky-Liebhaber

Sankt Columban, John Cor, King Charles I., Robert Burns, George Smith, Queen Victoria. Was bedeuten diese Namen? Sie stehen für Personen, die mit der langen Geschichte des schottischen Whiskys eng verbunden sind: **St. Columban**, der bedeutende irische Missionar, soll einer Legende nach die Kunst des Destillierens im 6. Jh. von Irland nach Schottland gebracht haben. Sicher dagegen ist, dass im 12. Jh. irische Mönche ein Destillat hergestellt und getrunken haben, das man als Whisky bezeichnen kann. Angereichert mit Gewürzen und Kräutern war es bald so beliebt, dass es Lebenswasser, gälisch »uisge beatha«, genannt wurde. Die Engländer, der gälischen Sprache nicht mächtig, wandelten es erst in »uischgi« und später in Whisky um. Der Mönch **John Cor** bat laut einer Urkunde aus dem Jahre 1494 die Obrigkeit um Gerstenmalz. Er wollte daraus »uisge beatha« brennen.

Nicht so rühmlich ging **König Charles I.** in die Geschichte des Whiskys ein: Er erhob ab 1644 eine Steuer auf das beliebte Getränk, infolgedessen kam das Schmuggeln auf, welches über vier Jahrhunderte das Leben der Menschen in den Highlands prägte.

Der berühmte schottische Nationalbarde **Robert Burns** (1759–1796) war kurze Zeit Steuereintreiber, was ihn den Zorn der Bevölkerung eintrug. Deshalb gab er diesen Beruf auf. Seine Gedichte und traditionellen Volkslieder zählen noch heute zum aktiven

Nicht umsonst heißt es, Whisky sei flüssiges Sonnenlicht. Der Liebhaber prüft beim Tasting zuerst die Farbe des Getränks.

Kulturgut des Landes: Es gibt wohl kaum einen Schotten, der nicht bei passender Gelegenheit ein Gedicht von Burns zitiert.

George Smith war der Besitzer der »The Glenlivet« Destillerie. Als es im Jahre 1824 gesetzliche Konzessionen für das Whiskybrennen gab, erwarb er als Erster eine solche und ging in die Geschichte des Whiskys ein.

Um die Mitte des 19. Jh. tauchten die ersten Blended Whiskys auf. Um diese Zeit erwarb **Queen Victoria** in Schottland ihr Schloss Balmoral. Da die Brennerei New Lochnagar ganz in der Nähe lag, stattete sie ihr einen Besuch ab. Die Königin, die alles Schottische sehr liebte, wurde eine begeisterte Anhängerin des Whiskys. Man sagt ihr nach, sie habe ihn, gemischt mit Rotwein, sehr genossen. Die Lochnagar Brennerei kann man noch heute besichtigen (→ S. 37).

Whisky oder Whiskey, wieso diese unterschiedliche Schreibweise? Das Getränk, das in Schottland oder Kanada produziert wird, schreibt sich Whisky, jenes aus Irland und den USA Whiskey. Es handelt sich aber immer um einen Kornbranntwein, der sehr viele verschiedene Geschmacksvarianten hat. Und genauso wie bei einem guten Wein sollte man auch beim Whisky verschiedene Dinge beachten, damit er sein ganz individuelles Aroma und seinen vollen Geschmack entfalten kann: Am besten eignet sich ein kleines, rundes, tulpenförmiges Glas, »nosing glass« genannt, wie es verschiedene Brennereien und unabhängige Abfüller zum Kauf anbieten. Es gibt aber auch Befürworter des »tumblers«, einem Glas mit flachem Boden. Zuerst betrachtet der Kenner die Farbe. Jeder Malt hat eine eigene Farbe, die je nach Alter und je nach dem, in welchem Fass der Branntwein gelagert wurde, variiert. Sie kann von sehr hellem Gelb, wie Weißwein, bis zu einem dunklen Braun reichen. Allerdings darf man nicht vergessen, dass einige Brennereien ihr Destillat mit Caramel (Zuckercouleur) färben. Als Nächstes riecht der wahre Whisky-Freund am Getränk, um sich von seinem Duft betören zu lassen. Erst dann nippt man am Malt, um ihn über die Zunge gleiten zu lassen. Nun entfalten sich die verschiedene Geschmacksnoten im Mund: süßlich, herb, fruchtig, torfig oder rauchig – all das kann ein Whisky sein. Und noch mehr: Beim Schlucken kann sich je nach Whiskysorte dieser Geschmack noch einmal verändern. Einige Geschmacksvariationen können beim Abgang verschwinden, andere wiederum treten stärker zu Tage. Nach dem ersten, unverdünnt genossenen Schluck kann man den Whisky auch mit Wasser verdünnen, um die Geschmacksnuancen besser herauszufinden. Man sollte nur auf die Art des Wassers achten: Am besten wäre natürlich, wenn man dasselbe Wasser benutzen würde wie die Brennerei. Da dies jedoch fast nicht möglich ist, nimmt man stilles Wasser. Man sollte kein kohlensäurehaltiges Wasser oder Leitungswasser verwenden, da der Whisky sonst viele seiner Geschmacksnoten verliert. Also dann, »Zum Wohl«, oder wie der Schotte sagt: »slainte math« (ausgesprochen: slainghie vha).

An der Nordküste: Von Inverness zur Orkney-Insel Mainland

Von Inverness an der Ostküste geht es durch die **North Highlands**, die für ihre einsame, karge und verwilderte Landschaft bekannt sind. Nördlich von Inverness liegt die nur wenig bewohnte **Region Sutherland**. Anfang des 19. Jh. wurde die hier ansässige bäuerliche Bevölkerung an die Küste umgesiedelt, damit in Sutherland mehr Platz für die Schafzucht war. Bis zum Küstenort **Scrabster,** wo die Fähre zur Orkney-Insel Mainland abgeht, führt die Route an fünf Brennereien vorbei, darunter so bekannte Häuser wie **Glen Ord, Dalmore** und **Glenmorangie**. Auf der **Insel Mainland** sind nicht nur zwei weitere Destillerien zu besichtigen, sondern auch das bedeutendste **Steinzeitgrab** Westeuropas. Insgesamt ist die Route 220 km lang. (Karte → S. 114, A13; S. 110, A 8–C 5; S. 111, D 5)

Inverness → Muir of Ord

Auf der A 862 verlässt man Inverness in westlicher Richtung. Immer auf dieser Straße bleibend erreicht man nach der Überquerung des River Beauly den kleinen Ort Beauly. 5 km davon entfernt liegt an der A 832 im Dorf Muir of Ord, wörtlich »Moor am Hügel«, die Destillerie Glen Ord.

Glen Ord Distillery

→ S. 114, A 13

Vor der modernen Mälzerei stehen mit Torf gefüllte Scheunen. Die Großmälzerei versorgt nicht nur Glen Ord, sondern zahlreiche Brennereien in der Umgebung mit Malz. Die 1838 gegründete Destillerie sowie der hier hergestellte Whisky hatten schon etliche Namen: Muir of Ord, Ord, Glenordie und jetzt Glen Ord. Um den Käufer nicht weiter zu verwirren, nennt die Besitzerfirma Diageo die Destillerie sowie alle Abfüllungen seit 1991 nur noch Glen Ord. Der Highland-Whisky ist trocken, süßlich und ein wenig rauchig. Eine alte Geschichte wird noch heute in der Gegend erzählt: Das Gebiet um Ord war im 18. und 19. Jh. eine Hochburg des Schwarzbrennens und des Schmuggels. Zu dieser Zeit hatten zwei Zollbeamte ein Fass Whisky beschlagnahmt und übernachteten anschließend in einem Nachbarort, wobei sie pflichtbewusst das Fass mit in ihr Zimmer nahmen. Während die Zollbeamten schliefen, bohrten die Schwarzbrenner ein Loch in die Decke des Zimmers und zapften den Whisky wieder ab.

Ord, Muir of Ord, Ross-shire; Tel. 0 14 63/ 87 20 04; März–Okt. Mo–Fr 9.30–17, Juli–Sept. Mo–Sa 9.30–17, So 12.30–17 Uhr, Nov.–Feb. nach Anfrage; Eintritt 3 £, wird beim Einkauf verrechnet

Muir of Ord → Alness

Weiter geht die Fahrt auf der A 862 in nördlicher Richtung, bis die Straße schließlich in die A 9 mündet. In dem beschaulichen Ort Alness befinden sich zwei Whisky-Destillerien: **Dalmore** (1838) und **Teaninich** (1817). Wobei Teaninich (sprich Tie'ninick) nicht zu besichtigen ist.

Dalmore Distillery

→ S. 114, A 13

Die Destillerie, die über ein ertragreiches Gerstenanbaugebiet verfügt, wurde 1839 gegründet. 1867 übernahm die Familie Mackenzie die Brennerei. Ihr Familienwappen, ein Hirschkopf, ziert noch heute das Etikett der Whisky-Flaschen. Zwei der insgesamt acht Brennblasen stammen aus dem Jahr 1874. Während des Ersten Weltkrieges benutzte die US-Marine die stillgelegte Brennerei zur Herstellung von Tiefseeminen. Während dieser Zeit zerstörte ein Feuer einen Großteil der Destillerie, so dass sie erst 1922 den Betrieb wieder aufnehmen konnte. Der heutige Besitzer, die Firma White & Mackay, ist eine Tochterfirma von American Brands, welche den bekannten Whiskey Jim Beam herstellt. Der größte Teil der Produktion von Dalmore reift in Bourbonfässern. Eine besondere Abfüllung, der Dalmore Cigar Malt, wird jedoch in speziell ausgesuchten Oloroso-Sherryfässern gelagert und passt – wie der Name schon sagt – sehr gut zu einer Zigarre. Die anderen Abfüllungen eignen sich als Abschluss eines hervorragenden Essens. Charakteristisch für den Dalmore ist sein Orangengeschmack.

Alness, Ross-shire; Tel. 0 13 49/88 23 62; www.thedalmore.com; Mitte Jan.–Juni und Mitte Aug.–Mitte Dez. Mo–Fr auf Anfrage; Eintritt frei

Alness → Tain

Weiter auf der A 9 durchquert man die Landzunge und erreicht das hübsche, 1630 aus Sandstein erbaute Städtchen Tain.

Glenmorangie Distillery

→ S. 110, B 8

Den meistgetrunkenen Malt Schottlands, den würzigen Glenmorangie, stellt diese berühmte und wunderschöne Brennerei her. Die Gebäude der Destillerie beherbergten schon im Mittelalter eine Brauerei, die landesweit bekannt war. Ein weiterer Superlativ kommt hinzu: Sie besitzt die höchsten Brennblasen des Landes. Anfangs waren es zwei, heute sind es acht. 1843 gegründet, war es diese Destillerie, die zum ersten Mal einen Whisky »cask strength«, also in Fassstärke und nicht auf 40 oder 43 % vol. herabgesetzt, abfüllte. In Glenmorangie wurde bei der Gründung eine Neuerung eingeführt: Die Brennblasen werden nicht wie üblich mit Feuer, sondern mit Dampf beheizt. Andere Brennereien haben das später übernommen. Man bewahrt bis heute die alte Tradition, dass immer nur 16 Mann in der Destillerie arbeiten, die so genannten »sixteen men of Tain«. Obwohl für die Lagerung ihres Produktes hauptsächlich Bourbonfässer benutzt werden, hat die Destillerie immer wieder Versuche mit anderen Fasstypen gemacht: Madeira-, Port-, Sherry- und Burgundfässer. Die so gereiften Whiskys, »wood finish« genannt, kann man fast überall kaufen. Glenmorangie war in gewisser Weise der Vorreiter dieser Art der Whisky-Lagerung und wurde darin von anderen Brennereien kopiert. Im Herbst des Jahres 2004 geriet Glenmorangie in die Schlagzeilen der Wirtschaftspresse. Am 20. Okt. 2004 wurde bekannt, dass die französische Firma LVMH Moët Hennessy Louis Vuitton Glenmorangie für 300 Millionen £ von Glenmorangie plc kaufte.

Glenmorangie verfeinerte ihren Whisky als Erste durch ein »wood-finishing«. Die im Holzfass gereiften Whiskys sind leicht erhältlich.

Alness → Brora

Immer noch auf der A 9 bleibend, überquert man den Dornoch Firth, um nach Golspie zu gelangen. 1300 Einwohner zählt dieser kleine Ort, Verwaltungszentrum von Sutherland. Mit seinem langen Sandstrand, der Go-Kart-Bahn und dem küstennahen 18-Loch-Golfplatz lädt er zum Verweilen ein. Weiter fährt man auf der A 9 entlang der Küste zu der nahe gelegenen Ortschaft Brora. Nördlich von Brora liegt die Destillerie Clynelish.

Clynelish (und Brora) Distillery

→ S. 110, B 8

Eigentlich sind es zwei Destillerien nebeneinander mit demselben Namen: Es gibt nämlich eine alte, 1819 gegründete Brennerei und daneben eine neue aus den 60er-Jahren. Während die neuen Gebäude eher nüchtern wirken, sehen die alten Gebäude aus wie im Märchenbuch. Mit Pagodenturm, efeubewachsenem Mauerwerk und einem kleinen Bach liegen sie zwischen den grünen Wiesen, auf denen Schafe grasen. Als 1967 die neue Brennerei in Betrieb genommen wurde, taufte man die alte auf den Namen Brora. Doch 16 Jahre später wurde sie für immer geschlossen. Bei den Abfüllungen ist es noch komplizierter. Es gab eine Zeit, da wusste man nicht, von welcher Brennerei die Clynelish-Abfüllungen waren. Am leichtesten ist der Unterschied beim »tasting« auszumachen. Der Brora wird aus sehr stark getorftem Malz hergestellt, der Clynelish dagegen schmeckt weit weniger torfig. Beide haben in den letzten Jahren eine Art Kultstatus erlangt: Sie zählen zu den maritimsten Malts der Ostküste, bei deren Duft sich eine leichte Meeresbrise bemerkbar macht. Der Gründer der ersten Brennerei war übrigens der berüchtigte Herzog von Sutherland. Genau jener, der Anfang des 19. Jh. mehrere tausend Menschen aus ihrer Heimat vertrieb, um für die rentablere Schafzucht Platz zu haben.

Brora, Sutherland; Tel. 0 14 08/62 30 00; April–Okt. Mo–Fr 9.30–17 Uhr, Nov.–März auf Anfrage; Eintritt 3 £, wird beim Einkauf verrechnet

Brora → Wick

Immer weiter auf der A 9 geht es entlang der Nordseeküste bis Wick. Sind noch bis Borgue die Gipfel der Highlands zu sehen, wird die Landschaft dann bedeutend flacher. Am südlichen Ortsrand des lebhaften Städtchens Wick liegt die 1826 gegründete Old Pulteney Whisky-Brennerei.

Old Pulteney Distillery

→ S. 111, D 7

Die nördlichste Brennerei auf dem schottischen Festland ist die einzige, die nach einer Person benannt wurde, nach Sir William Pulteney. Er hatte sich Anfang des 19. Jh. in der Fischerei und der Politik einen Namen gemacht und ließ eine eigene Siedlung für die heimischen Fischer bauen: Pulteney Town. Hier wurde im Jahre 1826 die gleichnamige Brennerei eröffnet. Obwohl sie nur 250 m vom Hafen entfernt liegt, zählt sie zu den wenigen urbanen Destillerien. An der Nähe zum Meer liegt es, dass der Whisky eine salzige Note hat, den man neben dem Sherryaroma deutlich herausschmeckt. Deshalb wird er auch manchmal »Manzanilla des Nordens« genannt, in Anspielung an den Manzanilla-Sherrywein aus Spanien, der ähnliche Geschmacksnoten aufweist. Manche Old Pulteneys reifen in »sherry-butts«, die meisten aber lagern als Erstabfüllung in Bourbonfässern. Der Großteil der Produktion wird im Ballantine's Blended Whisky verwendet, doch sind seit Ende der 1990er-Jahre auch etliche Destillerie-Abfüllungen zu bekommen. Die bekannteste davon ist der 12-jährige

Old Pulteney, dessen Flaschenform an eine Brennblase erinnert.

Das im Jahre 2000 von dem neuen Besitzer eingerichtete Besucherzentrum ist sehenswert: Der Korridor ist wie eine Schiffskajüte gestaltet.

Pulteney, Wick, Caithness; Tel. 0 19 55/60 23 71; www.oldpulteney.com; April–Dez. Mo–Fr 10–15 Uhr, Jan.–März Mo–Fr eingeschränkt geöffnet, bitte telefonisch anmelden; Eintritt 2.50 £, wird beim Einkauf verrechnet

Wick → Scrabster

Man verlässt nun die A 9, um auf der A 882 den nördlichsten Zipfel des Festlandes zu durchqueren. Am Loch Watten, an den Ortschaften Oldhall, Calyock und Carsgoe vorbei, erreicht man den Ferienort Thurso an der Nordküste. Im benachbarten kleinen Fischerdorf **Scrabster** legt die Fähre zur Insel Mainland ab.

Die Orkney-Inseln

→ S. 110, C 5; S. 111, D 5

Obwohl die Inselgruppe, zu der 67 Inseln zählen, auf demselben Breitengrad wie Sibirien liegt, friert es hier aufgrund des Golfstroms nicht oft. Allerdings zeigt bei diesem gemäßigten Seeklima das Thermometer auch im Sommer selten mehr als 16 Grad an. Die Orkney-Inseln sind flach, außer **Hoy**, wovon der **»Old Man of Hoy«**, ein steil aufragender Felsen im Meer, zeugt. Übrigens gab es früher auch mal eine Whisky-Destillerie mit demselben Namen, die aber schon lange nicht mehr existiert. Die Inseln sind mit Kornfeldern oder fruchtbarem Weideland bedeckt. Die Bewohner (rund 19 000) leben hauptsächlich von Rinderzucht und Milchwirtschaft. An den steilen Klippen der unbesiedelten Inseln tummeln sich Tölpel, Möwen und andere Arten. Ein Sechstel der nistenden Meeresvögel Großbritanniens ist hier heimisch.

Mainland: Stromness

→ S. 110, C 5

Mit der Fähre kommt man in Stromness im Südwesten der Hauptinsel Mainland an. Eine lange malerische Straße führt durch die 1600-Einwohner-Stadt. Das Ortsbild wird von Treppengiebelhäusern und zahlreichen Gässchen, die zum Hafen führen, beherrscht. Stromness ist ein guter Ausgangspunkt für die Erkundung der prähistorischen Orte **Skara Brae**,

Die zweistündige Überfahrt auf die Orkney-Inseln beginnt am ausgelagerten Fährhafen von Scrabster.

Maes Howe und **Ring des Brodgar.** Das **Stromness Museum** mit Erinnerungsstücken an die deutsche Flotte ist einen Besuch wert (April–Sept. tgl. 10–17 Uhr; Eintritt 2,50 £).

Ziele in der Umgebung

Standing Stones of Stenness

S. 111, D 5

Der Ort Stenness, auf der B 9055 in nordwestlicher Richtung von Maes Howe zu erreichen, lohnt keinen Stopp. Aber die vorgeschichtliche Steinsetzung umso mehr: Von ehemals zwölf bis zu 5 m hohen Monolithen stehen noch vier. Sie stammen aus dem 3. Jahrtausend v. Chr. und bildeten ursprünglich einen Steinkreis von etwa 30 m Durchmesser.

Skara Brae

S. 110, C 5

Großbritanniens älteste Siedlung liegt an Mainlands Westküste. Die Bewohner scheinen das Steinzeitdorf fluchtartig verlassen zu haben, bevor es von einem Sandsturm verschüttet wurde. Anhand der zu Beginn des 20. Jh. erfolgten Ausgrabungen lassen sich die Lebensumstände der Steinzeitmenschen rekonstruieren.

Maes Howe

S. 111, D 5

9 km westlich von Stromness liegt die prähistorische Grabkammer Maes Howe. In Begleitung der Kuratorin geht es in das bedeutendste Steinzeitgrab Westeuropas: eine Gruft mit vier Seitenkammern. Jeweils am 21. Dez. gegen 15 Uhr strahlt die Sonne etwa 20 Min. lang direkt in die Gruft, die man durch einen niedrigen Gang erreicht.

Ticket Office an der Hauptstraße; tgl. 9.30–17.15 Uhr; Eintrittskarten in Tormiston Hill 3 £

Kirkwall

S. 111, D 5

Auf der A 965 erreicht man nach 25 km den Hauptort der Insel Mainland, der wunderschön direkt am Meer liegt. Kirkwall (7000 Einwohner) gilt als sehenswerteste Stadt aller schottischen Inseln.

Hotels/andere Unterkünfte

Merkister Hotel

Ausgezeichnetes Anglerhotel. Besseres »Brown Trout Fishing« findet man kaum irgendwo.

15 km von Kirkwall; Loch of Harray; Tel. 0 18 56/77 13 66, Fax 77 15 15; www.s-h-systems.co.uk/hotels/merkister; 14 Zimmer ●● AmEx MASTER VISA

The Creel

Schottisches »Restaurant of the Year 2004«, das auch Zimmer vermietet.

St. Margaret's Hope, South Ronaldsay, südl. von Kirkwall; Tel. 0 18 56/83 13 11; www.thecreel.co. ●● MASTER VISA

Highland Park Distillery

S. 111, D 5

Highland Park wurde 1798 vom Kleriker Magnus Eunson gegründet. So steht es zumindest auf dem eisernen Torbogen beim Eingang. Wahrscheinlicher ist jedoch, dass sie schon drei Jahre zuvor von einem gewissen David Robinson erbaut wurde. Der Gottesmann Magnus Eunson brannte auf dem Gelände schon vor der Eröffnung der Brennerei illegal Whisky. Als Versteck eignete sich besonders gut die örtliche Kirche: Die Kanzel, der Altar, sogar Särge sollen von ihm als Aufbewahrungsort genutzt worden sein. Im Jahre 1883 ereignete sich Folgendes: Bei der Jungfernfahrt der Schifffahrtslinie Union Castle wurde der gute Highland Park Whisky mit an Bord genommen. Am Zielort Kopenhagen angekommen, kamen der dänische König und der russische Zar

Die Fässer tragen den Namen der Destillerie, eine Nummer und eine Jahreszahl.

auf das Schiff. Auch sie genossen – wie man noch heute gerne erzählt – den Whisky in vollen Zügen. Die Highland Park Brennerei bringt mit ihren vier »stills« einen der bekanntesten, besten und beliebtesten Whiskys hervor. Geschmacklich ist er einer der komplexesten Whiskys überhaupt. Neben Rauch- und Torfnoten sind ebenfalls eine Honigsüße sowie ein Sherryton auszumachen. Highland Park hat noch eine eigene Mälzerei, die Abfüllungen sind im Handel problemlos erhältlich.

Kirkwall, Orkney Islands; Tel. 0 18 56/ 87 46 19; www.highlandpark.co.uk; April–Okt. Mo–Fr 10–17, Juni–Sept. Sa–So 12–16, Nov.–März Tour Mo–Fr 14 Uhr, Jan.–Feb. nach Anfrage; Eintritt 3 £

Scapa Distillery

→ S. 111, D 15

Nahe der Küste, etwas südlicher als die Highland Park Distillery, liegt die 1885 gegründete Scapa Brennerei, die in den letzten Jahren nur ab und zu gearbeitet hat. Ab 2005 will man die Produktion wieder ganz hoch fahren, was Fans der Destillerie sicher mit Freude registrieren. Der Scapa Malt, der auch im Ballantine's Blended Whisky Verwendung findet, ist ein sehr beliebter Malt Whisky mit einem deutlich salzigen Charakter. Seine leicht torfige Note stammt von dem verwendeten Wasser und nicht von der Gerste. Es wird hier nämlich ungetorftes Malz verwendet. Seine gewisse Öligkeit erhält der Scapa von der Raubrennblase im eher unüblichen Lomond-Stil mit Säulenhälsen.

www.scapamalt.com

FÄHRVERBINDUNG

Ganzjährig verkehrt die Fähre ab Scrabster (Fahrzeit 90 Min.); North-Link Orkney & Shetland Ferries Ltd, Ayre road, Kirkwall; Tel. 0 18 56/ 88 55 00; www.northlinkferries.co.uk

Fähren zwischen den Inseln: Shore Street, Kirkwall, Orkney; Tel. 0 18 56/87 20 44, Fax 87 29 21; www.orkneyferries.co.uk

Von Mai bis Anfang September gibt es ab Inverness nach Kirkwall eine Bus-Fähre-Bus Verbindung über John O'Groats – Burwick (www.jog-ferry.co.uk).

Westküste und Innere Hebriden: Von Ullapool nach Oban

Auf schmalen und z. T. einspurigen Straßen durchquert die Route auf 700 km die **West Highlands** und führt auf die **zwei größten Inseln der Inneren Hebriden: Skye** und **Mull.** Neben hohen Bergen, Seen und Hochmooren liegen geschichtsträchtige Orte und Bauwerke sowie **vier Brennereien** auf der Strecke, für die man einige Tage einplanen sollte. So kommt man zum Bilderbuch-Schloss **Donan Castle** (Fotoapparat nicht vergessen), fährt durch das wild romantische **Glen Shiel Tal** und kann auf der Isle of Skye das Grab der Fluchthelferin von Charles Edward Stewart bewundern. Auf der Isle of Mull liegen zwei Destillerien, und die benachbarte, sehr kleine **Insel Iona** gilt als die Wiege des Christentums in Schottland. (Karte ⇢ S. 109, F 4; S. 113 F 9–D 12; S. 112, C 11–C 12)

Ullapool

⇢ S. 109, F 4

Am schönsten ist das am Loch Broom gelegene, malerische Fischerstädtchen (1200 Einwohner) während der Herings- und Makrelensaison von August bis November. An der **Seafront** reihen sich einstöckige Fischerhäuschen pittoresk aneinander, in denen meist kleine Hotels, Lokale und Geschäfte untergebracht sind. Ullapool ist nicht nur ein bedeutender Fischerhafen, sondern auch der **wichtigste Fährhafen** für die Western Isles, die Äußeren Hebriden. Von hier aus kann man verschiedene Aktivitäten unternehmen: z. B. Wandern, Fischen und Bootsausflüge. Nicht versäumen sollte man die **Summer Isles**, auf denen man neben der wunderbaren Landschaft auch sehr viele Tiere beobachten kann, wie Seehunde und – wenn man Glück hat – sogar Delfine und Wale. Die verschiedenen Bootstour-Veranstalter haben ihre Büros am Hafen. Biegt man von der Hauptstraße ab, ist die Landschaft um Ullapool menschenleer und von der Zivilisation kaum berührt. 20 km südlich an der A 835 befindet sich eine spektakuläre Schlucht: die **Corrieshalloch Gorge** mit dem **Measach-Wasserfall.** Die 60 m tiefe Schlucht entstand Ende der letzten Eiszeit durch Gletscherschmelzwasser. Einen schönen Blick hat man von der Hängebrücke.

Hotels/Andere Unterkünfte/Essen und Trinken

Altnaharrie Inn
Ein Feinschmeckerparadies gegenüber von Ullapool auf der anderen Seite des Loch Broom. Hummer, Fisch- und Schalentier-Spezialitäten. Bitte vorher telefonisch reservieren.
Dundonnell; Tel. 0 18 54/63 32 30; 8 Zimmer ●●●● CREDIT

The Arch Inn
Kleines, ruhiges Hotel mit Bar und Restaurant.
11 West Shore Street; Tel. 0 18 54/61 24 54, Fax 61 20 12 ●● CREDIT

The Seaforth
Im hoteleigenen Restaurant werden Fischgerichte und Meeresfrüchte ausgezeichnet zubereitet.
Quay Street; Tel. 0 18 54/61 21 22, Fax 61 31 33 ●● CREDIT

The Ullapool Hotel
Ebenfalls ein kleines Hotel mit Bar und Restaurant.
Garve Road; Tel. 0 18 54/61 29 05, Fax 94 15 43 ●● CREDIT

Service

Auskunft
Tourist Information Centre; Tel. 0 18 54/61 21 35; E-Mail: ullapool@ host.co.uk; April/Okt. Mo–Sa 9–17, Mai–Sept. 9–18, So 12–17 Uhr

Ullapool → Kyle of Lochalsh

Von Ullapool fährt man die A 835 in südöstlicher Richtung am Loch Broom entlang. Wenn man den See hinter sich gelassen hat, wird die Landschaft abwechslungsreich: Enge und breitere Täler wechseln sich mit Hochmooren ab. Man kommt an kleinen Ortschaften wie Inverbroom oder Braemore vorbei, fährt am Ufer eines Stausees entlang und biegt kurz nach Gorstan rechts auf die A 832 Richtung Westen ab. Bei Achnasheen geht es auf die A 890, und nach einer Passüberquerung wechselt man bei Kirkton auf die A 87 und gelangt so direkt nach **Kyle of Lochalsh**, wo das Märchenschloss **Eilean Donan Castle** liegt.

SEHENSWERTES

Eilean Donan Castle ⇢ S. 113, D 9

7 Romantisch gelegen auf einer kleinen Insel ist Eilean Donan Castle die Bilderbuchburg überhaupt, weshalb sie auch als die meist fotografierte Sehenswürdigkeit Schottlands gilt. Die Insel ruht zwischen drei Meeresarmen, ist nur über einen Steindamm zugänglich und umgeben von Bergen. Die Anfänge der Burg gehen auf das frühe 13. Jh. zurück. Größtenteils zerstört bei den Jakobitenaufständen Anfang des 18. Jh., wurde sie von 1912 bis 1932 originalgetreu wieder aufgebaut. Dieser ehemalige Sitz der McKenzies diente auch verschiedenen Filmen als Kulisse, u. a. dem Hollywoodstreifen »Highlander«.

Ostern bis Sept. Mo–So 10–18 Uhr; Eintritt 4 £

Kyle of Lochalsh → Isle of Skye

Fährt man auf der A 87 weiter bis zum Ende des Loch Duich, gelangt man ins **Glen Shiel** hinein. Dieses wildromantische Tal wird auf der nordöstlichen Seite überragt von den **»five sisters«**, fünf Bergen, die sich bis zum **Loch duich** erstrecken. Am 10. Juni 1719 fand mitten im Tal ein Ringen zwischen Engländern und Spaniern statt. Die Engländer gewannen die Schlacht, und die Spanier, welche die Jakobiten – also die Anhänger des Hauses Stuart – unterstützten, zogen sich wieder nach Spanien zurück. Vom **Kyle of Lochalsh** führt seit 1997 eine große Brücke hinüber auf die Isle of Skye. Die Maut (rund 5 £), die man für die Überfahrt bezahlen muss, ist eine der höchsten in Europa. Entschädigt wird man dafür mit einer wunderschönen und wilden Landschaft auf der Insel.

Isle of Skye

⇢ S. 113, D 9; S. 114, C 9

Auf kleinstem Raum wechselt eine herbe Urlandschaft mit blütenreichen Tälern, hübsch angelegten Gärten und weißen Häuschen. Skye, 80 km lang und gut 30 km breit, hat 8000 Einwohner, besitzt ein halbes Dutzend guter Hotels und zahlreiche Bed-&-Breakfast-Unterkünfte. Im Süden erstrecken sich die langen Bergketten der **Cuillins**, meist vom Nebel eingehüllt oder von Stürmen umtost. Im Nordwesten der Insel befindet sich das **Dunvegan Castle and Gardens**.

So grün, dass man sich in Irland glaubt: Landschaft auf der Isle of Skye.

Auf der Halbinsel **Trotternish** im Norden gibt es mit dem 50 m hohen **Old Man of Storr** und dem **Quiraing-Massiv** ungewöhnliche Felsformationen zu bewundern. Die Geschichte von Skye, deren Name in der Sprache der Wikinger »Nebel« bedeutet, ist geprägt von zwei Persönlichkeiten: **Charles Edward Stewart**, von den Schotten liebvoll Bonnie Prince Charlie genannt, und seiner Fluchthelferin **Flora MacDonald**. Auf Prince Charlie war nach der Niederlage von Culloden (1746) ein Kopfgeld von 30 000 £ ausgesetzt. Kurz vor seiner Gefangennahme rettete ihn Flora MacDonald und schleuste ihn auf einem Schiff nach Skye. Bonnie Prince Charlie gelang Tage später die Flucht nach Frankreich.

Kyle of Lochalsh → Loch Haport

Kommt man von der Brücke herunter, führt die A 87 zum Hauptort der Insel, nach **Portree**. Das Dorf hat ungefähr 1000 Einwohner und liegt geschützt in einer kleinen Bucht. Die Häuser am Hafen sind bunt gestrichen. Nicht weit entfernt bei Loch Haport liegt die einzige Whisky-Destillerie von Skye, Talisker.

Talisker Distillery

→ S. 112, C 9

Talisker, 1830 gegründet, vertritt die Inselversion der Classic Malts. Typisch für diesen Whisky ist sein unverwechselbar torfiger und pfeffriger Geschmack. Ganz neu kam neben dem 10-jährigen (45,8 % vol) ein 18-jähriger Talisker auf den Markt. Wer Mitglied der »Friends of the Classic Malts« (www.classicmalts.de) ist, kann an eine Flasche in Fassstärke kommen. Bis 1928 wurde in der Talisker-Brennerei noch dreifach destilliert. 1960 brannte das »stillhouse« nieder, nach dem Wiederaufbau wurde die Zahl der Brennblasen auf fünf erhöht.

Carbost, Isle of Skye, Inverness-shire; Tel. 0 14 78/64 03 14; Nov.–März Mo–Fr 14–16.30, April–Juni Mo–Fr 9–16.30, Juli–Sept. Mo–Sa 9–16.30, Okt. Mo–Fr 9–16.30 Uhr; Eintritt 3,50 £, wird beim Einkauf verrechnet

Loch Haport → Fort William

Man fährt auf die A 863 bis Sligachan, wo die Straße in die A 87 einmündet. Bei Skulamus biegt man rechts ab auf die A 851 bis Almadale. Hier verlässt man die Isle of Skye und setzt mit der **Fähre** (23 Minuten) **nach Mallaig** über. Die wunderschöne Autofahrt von Mallaig nach Fort William führt auf der A 830 erst an der Küste entlang nach Süden, dann geht es an Bergen, Glens und Lochs vorbei bis zum Caledonian Kanal, der Fort William mit Inverness verbindet. Man sollte unbedingt am **Loch Shiel** halten und eine Bootsfahrt auf diesem bezaubernden See machen.

MERIAN-Tipp

10 Loch Shiel und Glenfinnan

Romantiker lieben in Glenfinnan das **Jakobiten-Monument**: Hier fing im Jahr 1745 nach einem Treffen zwischen Bonnie Prince Charlie und dem Cameron-Clan die Rebellion gegen die englischen Regierungstruppen an. Eindrucksvoll ist auch das aus dem Harry-Potter-Film bekannte mächtige Eisenbahnviadukt. Westlich des Orts liegt der lange Süßwassersee **Loch Shiel**, an dessen Ufer jährlich im August die **Glenfinnan Highland Games** veranstaltet werden. Bei einer Bootsfahrt am Loch Shiel, den viele für den schönsten aller schottischen Binnenseen halten, zeigt sich die Landschaft von ihrer reizvollsten Seite (Loch Shiel Cruises; Tel. 0 16 87/47 03 22).

22 km von Fort William → S. 113, D 10

Das Viadukt bei Glenfinnan diente als Kulisse für einen modernen Zauberlehrling auf Reisen: Harry Potter.

Ben Nevis Distillery

⇢ S. 113, E 11

Zu Füßen des höchsten Berges Großbritanniens, Ben Nevis (1343 m), stehen die charakteristischen Gebäude der gleichnamigen Destillerie. Sie ist neben der **Oban Distillery** die einzige noch produzierende Brennerei in den West Highlands. 1825 gegründet, gehört sie seit 1992 dem japanischen Konzern Nikka. Die gesamte Produktion wurde bis vor einigen Jahren nur für die Herstellung von Blended Whisky verwendet. Die zwei bekanntesten Sorten, die auch von der Destillerie vertrieben werden, sind Dew of Ben Nevis und Glencoe. Die Destillerie Ben Nevis stellte einst auch Grainwhisky her. Als Single Malt Whisky ist Ben Nevis erst seit einigen Jahren zu haben. Die japanischen Besitzer richteten ein schmuckes Visitor Centre ein, in dem den Besuchern ein humorvoll gemachtes Video gezeigt wird.

Loch Bridge, Fort William, Inverness-shire; Tel. 0 13 97/70 02 00; www.bennevisdestillery.com; Mo–Fr 9–17, Juli–Aug. Mo–Fr 9–19.30, Juli–Sept. Sa 10–16 Uhr; Eintritt 2 £, wird beim Einkauf verrechnet

Sehenswertes

Ben Nevis ⇢ S. 113, E 11

Der höchste Berg Großbritanniens (1343 m) macht den Eindruck, als wenn man ihn leicht besteigen könnte – aber Vorsicht: Man sollte den Aufstieg nur mit geeigneter Ausrüstung wagen. Außerdem muss man vor dem schnell wechselnden Wetter auf der Hut sein.

Glen Coe ⇢ S. 113, E/F 11

Dieses knapp 30 km südlich von Fort William gelegene Tal ist auf der A 82 zu erreichen und landschaftlich sehr eindrucksvoll: hohe Berggipfel links und rechts bis zum **Loch Linnhe**. Hier ereignete sich am 13. Feb. 1692 ein schlimmes Massaker, über das sich der geschichtlich interessierte Reisende im Besucherzentrum von Clachaig informieren kann. Hinter dem Tal öffnet sich die Landschaft plötzlich, und man hat die Hochebene von **Rannoch Moor** erreicht, das größte heute noch existierende Hochmoor Europas.

Fort William → Isle of Mull

Die Weiterfahrt von Fort William auf die Isle of Mull führt auf der A 82 am Loch Lindhe entlang Richtung Südwesten. Kurz vor Inchree biegt die A 861 zur Küste ab, man gelangt mit der **Fähre** in wenigen Minuten nach Corran. Weiter geht es die Küste entlang bis zum Loch Sunart, wo man auf die A 884 abzweigen muss. Nach einer kurzen Strecke am Ufer des Fjordes entlang überquert man einen Pass. Danach fährt man durch eine typisch schottische Landschaft: Berge, Moor- und Heidelandschaft sowie große Wälder. Bei **Lochaline** geht die **Fähre zur Isle of Mull ab** (Fahrplan: www.calmac.co.uk).

Isle of Mull

⇢ S. 113, D 11–12; S. 112, C 11–12

Der Mull-Archipel ist neben **Skye** zu Recht der meistbesuchte der Hebriden. Auf der 190 qkm großen Insel wohnen nur 2700 Menschen, die vorwiegend von Schaf- und Rinderzucht leben. Die kaum bewaldete Insel wurde in den vergangenen Jahrzehnten kräftig aufgeforstet. Am schönsten ist die im Süden gelegene **Carsaig-Bucht** mit den **Carsaig Arches**. Hier hat das Meer im Laufe der Zeit gewaltige Bögen und Tunnel aus den Basaltfelsen ausgehöhlt.

Von **Craignure** im Osten kann man zu den **Inseln Iona** und **Staffa** übersetzen. Die kleine Hauptstadt **Tobermory** (650 Einwohner) liegt im Norden des Eilandes und gilt als der hübscheste Hafen auf den Hebriden. Um die Bucht gruppieren bunte Häuser, von denen eine ganze Reihe Gaststätten beherbergen, in denen frischer Fisch und Schalentiere serviert werden. Im Schlamm der Bucht liegt ein 1588 versenktes Armadaschiff. Jahrelang hat man versucht, den darin angeblich verborgenen Goldschatz zu finden. Bislang vergeblich ...

Hotels/andere Unterkünfte

Highland Cottage
»A small hotel of Quality« heißt es. Stimmt!
Breadalbane Street, Tobermory; Tel. 0 16 88/30 20 30, Fax 30 27 27; www.highlandcottage.co.uk; 6 Zimmer ●● CREDIT

The Tobermory Hotel
Kleines, gemütliches Hotel mit schöner Aussicht über die Bucht und einem guten Restaurant.
Tobermory; Tel. 0 16 88/30 20 91, Fax 30 22 54; www.thetobermoryhotel.com; 16 Zimmer ●● CREDIT

Western Isles Hotel
Imposantes viktorianisches Haus mit schönem Meeresblick.
Tobermory; Tel. 0 16 88/30 20 12, Fax 30 22 97; www.mullhotel.com; 28 Zimmer ●● CREDIT

Sehenswertes

Duart Castle
Herrliche Lage an der Ostspitze der Insel, südlich von Craignure. Ehemals war das Schloss der Stammsitz des MacLean-Clans.
Mai–Mitte Okt. tgl. 10.30–18 Uhr; Eintritt 4 £

Torosay Castle
Von Ziergärten umgebenes Landhaus.
Mitte April–Okt. tgl. 10.30–17.30, Garten 9–19 Uhr; Eintritt 4,50 £

Museen

The Old Byre Heritage Centre
Das preisgekrönte Museum lässt die Vergangenheit wach werden. Audiovisuelle Präsentation.
Dervaig; Mi–So 10.30–18.30 Uhr; Eintritt 2 £

Service

Auskunft
Tourist Information Centre Tobermory; Strathclyde, Pier End; Tel. 0 16 88/30 21 82; April–Okt. tgl. 9–17.30 Uhr

Tourist Information Office
Craignure, am Pier; Mo–Sa 9–17, So 10–17 Uhr; Tel. 0 16 80/81 23 77, Fax 81 24 97; www.scottish.heartlands.org. Hier gibt es auch Tickets für die Fähren.

Tobermory Distillery

S. 112, C 11

Genauso wie **Talisker** auf Skye ist Tobermory die einzige Destillerie auf Mull. Direkt am Hafen des Hauptortes gelegen, wurde sie 1798 unter dem Namen Tobermory gegründet und hat eine komplizierte Eigentümergeschichte: Eine Zeit lang hieß sie Ledaig, um schließlich wieder ihren ursprünglichen Namen anzunehmen. Genauso wechselhaft ist ihre Geschichte: Von 1930 bis 1972 und 1981 bis 1989 war die Brennerei stillgelegt, in den anderen Jahren wechselten die Besitzer häufig. Ihre vier »stills« produzieren zwei völlig unterschiedliche Malt Whiskys: Der Tobermory ist ein eher leichter bis mittelschwerer Whisky, der aus ungetorftem Malt gebrannt wird. Der Ledaig hingegen ist sehr torfig und braucht einen Vergleich mit den Islay Whiskys nicht zu scheuen. Der Besuch der Brennerei lohnt sich schon deshalb, weil der größte Teil der Anlage noch aus den Gründerjahren stammt. Im Besucherzentrum, dem ehemaligen Feuerwehrhaus, kann man dann seinen Durst löschen.

Tobermory, Isle of Mull, Argyll; Tel. 0 16 88/30 26 45; www.burnstewartdistillers.com; Ostern–Okt. Mo–Fr 10–17 Uhr, Nov.–Ostern auf Anfrage; Eintritt 2,50 £, wird beim Einkauf verrechnet

Tobermory → Iona

Man fährt von Tobermory aus die A 848 bis Salem. Dort zweigt man rechts ab auf die B 8035 und durchquert Mull an seiner schmalsten Stelle. Anschließend geht die Fahrt am Ufer des Loch na Keal entlang, um kurz nach Gribun die Ardmeanach Halbinsel über einen Pass zu durchqueren. Am Südhang des **Ben More**, ein fast 1000 m hoher Berg, erreicht man das **Loch Scridain**. Mit etwas Glück kann man in diesem Fjord sogar Delfine sehen. Man zweigt auf die A 849 ab Richtung Westen bis **Fionnphort**. Von hier geht es mit der Fähre hinüber nach Iona. Allerdings ohne Auto, denn das ist auf der 130-Seelen-Insel nicht erwünscht.

Iona

S. 112, C 12

In zehn Minuten ist man auf Iona, der Heiligen Insel. Sie ist die Wiege der Christenheit Schottlands. Im 6. Jh. landete hier der irische Missionar Columban und begann mit der Christianisierung des Festlandes. Eine Ansammlung teils verfallener, teils restaurierter Sakralgebäude zeugt davon. Das Durchwandern des 5,5 km langen und 2 km breiten Eilandes ist ein Vergnügen. Die beiden Inselhotels, das Argyll und das St. Columba, sind einfach und freundlich.

Staffa

S. 112, C 11

Von der nördlichen Erhebung auf Iona sieht man bei klarem Wetter eines der Naturwunder der Welt: Staffa. Von Mull und Iona gehen täglich, wenn das Wetter es erlaubt, Bootsfahrten zu der nur von Schafen und Seevögeln bewohnten Basaltinsel mit der **Höhle Fingal's Cave** und den erstarrten **Lavapfeilern**, die der Insel ihren Namen gaben: Staffa ist das altnordische Wort für Säulen.

Iona → Oban

Beim Zurückfahren bleibt man bis zum Fährhafen Craignure auf der A 849. Kurz vor Craignure kann man einen Abstecher zum **Duart Castle** machen. Dieses Schloss, dessen Anfänge ins 13. Jh. zurückgehen und das 1911 restauriert wurde, ist der Familiensitz des MacLean-Clans. Das Schloss kann besichtigt werden von Mai–Okt. Mo–So 10.30–18 Uhr. In 45 Minuten bringt die **Fähre** den Reisenden von Craignure nach Oban (www.calmac.co.uk).

Der Nachbau eines römischen Amphitheaters überragt die heute im Zentrum gelegene Oban Distillery.

Oban

S. 113, D 12

Das idyllische Städtchen mit seinem Hafen am **Firth of Lorn** gilt als »Gateway to the Isles«, als Tor zu den Inseln, die – obwohl sehr flach – doch einen gewissen Schutz vor den heftigen Atlantikwinden gewähren. Schon von weitem sieht man auf dem Hügel über der Stadt ein für Schottland ungewöhnliches Gebäude: den Nachbau eines römischen Kolosseums. Der **McCaig's Tower** ist das Wahrzeichen der Stadt. Ein reicher Bankier, John McCaig, wollte gegen Ende des 19. Jh. sich und seiner Familie ein Denkmal setzen und durch den Bau die hohe Arbeitslosigkeit reduzieren. Doch bevor das Denkmal fertig wurde, starb McCaig. Etwa 100 Jahre früher schon eröffnete die **Oban Distillery**, die 1794 außerhalb der Stadt gebaut wurde, heute aber mittendrin liegt.

Hotels/andere Unterkünfte/ Essen und Trinken

The Manour House

Das 1780 erbaute Haus war das Feriendomizil des Duke of Argyll. Schöner Meerblick und ein empfehlenswertes Restaurant.

Gallanach Road, Tel. 0 16 31/56 20 87, Fax 56 30 53; www.manourhouseoban.com

The Waterfront Restaurant

Schmackhafte Gerichte aus frischem Fisch und Meeresfrüchten.

1 the Pier; Tel. 0 16 31/56 31 10, Fax 56 31 10; www.waterfront-restaurant.co.uk

Oban Distillery

S. 113, D/E 12

Der Whisky aus dieser über 200 Jahre alten Brennerei zählt zu den Classic Malts der West Highlands. Er ist einer der beliebtesten Malt Whiskys Schottlands, so dass die Destillerie der großen Nachfrage kaum nachkommt. Um zu den zwei vorhandenen Brennblasen noch weitere hinzuzufügen, fehlt es an Platz. Die Geschmacksrichtung des Whiskys ist mittelschwer mit einem torfigen Anklang, die Meeresnähe schlägt sich natürlich in der bekannten Salzigkeit nieder.

Stafford Street, Oban, Argyll; Tel. 0 16 31/57 20 04; Mo–Fr 9.30–17, Ostern–Okt. Sa 9.30–17, Juli–Sept. So 12–17 Uhr, Dez.–Feb. Tour nur nach Anmeldung; Eintritt 3,50 £, wird beim Einkauf verrechnet

Service

Auskunft

Tourist Board Information Centre, Argyll Square; Tel. 0 16 31/56 31 22, Fax 56 42 73; www.oban.org.uk; Mo–Fr 9–17.30, Sa und So 12–16, im Hochsommer 9–20 Uhr

Bootsfahrten

Loch Etive Cruises; Tel. 0 18 66/82 24 30; dreimal täglich, im Sommer um 10, 12 und 14 Uhr; 5 bis 9 £ je nach Dauer

Fahrten zu den Robben und Seevögeln von **Loch Craignish** oder zu einem der weltgrößten Meeresstrudel im **Golf von Corryvreckan**.

Craignish Cruises, Ardfern, Lochgilphead; Tel. 0 18 52/50 05 40; Ostern–Okt. Mo–Fr

Die südlichen Inneren Hebriden: Von Oban zur Isle of Islay

Diese Route führt von den West Highlands auf die **Isle of Islay** (sprich »Ei-la«), die **sechste Whisky-Region Schottlands** und bei weitem bedeutendste Whiskyinsel. Mit ihren **sieben Brennereien** ist sie ein Eldorado der Liebhaber von rauchigem und torfigem Whisky. Nach gut einem Drittel der insgesamt 180 km kommt man zur ebenen **Westküste** und nimmt ein **Schiff** auf die Isle of Islay (zweistündige Überfahrt). Von hier aus kann man einen Abstecher zur **einzigen Brennerei** auf der **Isle of Jura** machen. Beide Inseln gehören zu den Inneren Hebriden, wobei Islay neben Whisky-Kennern auch Golfer und Naturliebhaber anzieht. (Karte ---> S. 113, E 12; S. 117, E/D 17; S. 116, C 17)

Oban → Isle of Jura

Oban verlässt man auf der A 85 in Richtung Norden bis zum Loch Awe. Am nördlichsten Punkt des Sees biegt man links auf die A 819 nach **Inveraray** ab. Hier befindet sich direkt an der Hauptstraße der **Loch Fyne** 8 **Whisky Shop,** ein international bekanntes Whisky-Geschäft. Whisky aus aller Welt – auch besondere Raritäten – kann man hier beziehen. Der Geschäftsinhaber Richard Joynson füllt sogar einen eigenen Blended Whisky mit Namen »Loch Fyne« ab (Main Street, Inveraray; Tel. 0 14 99/30 22 19, Fax 30 22 38).

Weiter geht die Fahrt auf der A 83 Richtung Süden am Ufer des Loch Fyne entlang auf die Kintyre-Halbinsel. Nach etwa 70 km erreicht man **Kennacraig** und nimmt dort die **Fähre nach Port Askaig auf Islay.** Knapp zwei Stunden dauert die Überfahrt. Am Hafen angelangt, muss man gleich ein weiteres kleines Schiff besteigen, um nach nur fünfminütiger Fahrt auf die **Isle of Jura** zu gelangen. Jura ist bergig und besteht im Wesentlichen aus einer baumlosen Urlandschaft. Die drei Gipfel der Paps of Jura im Süden der Insel haben eine Höhe von bis zu 770 m. Vom kleinen Hafenort Feolin aus nimmt man die einzige Straße der Insel und ist eine halbe Stunde später schon an der Ostküste in Craighouse, wo die einzige Destillerie der Insel steht.

Isle of Jura Distillery

---> S. 116, C 17

Gegründet wurde die Brennerei 1810, nachdem auch auf Jura schon seit Jahrhunderten illegal Whisky gebrannt wurde. Der Name »Jura« stammt aus dem Norwegischen und bedeutet »Rotwild«, wovon es auch heutzutage noch weit mehr gibt als Einwohner. Anfang des 20. Jh. wurde die Destillerie geschlossen. Angeblich gab es Streit wegen der Höhe der Pacht, und so schloss der damalige Besitzer die Brennerei, verließ die Insel und nahm die »stills« mit. Erst um 1960 begann man nach einer Renovierung und einigen Neubauten wieder mit der Produktion. Obwohl die Isle of Jura nur einen Steinwurf von Islay entfernt liegt, sind die Malts geschmacklich völlig verschieden. Während die Brennereien auf Islay einen eher starken Whisky produzieren, ist der Jura-Whisky fein und nur leicht torfig. Er erinnert eher an einen Speyside- oder North-Highland-Whisky.

Craighouse, Isle of Jura, Argyll; Tel. 0 14 96/82 02 40; www.isleofjura.com; Mo–Do 9–16, Fr 9–13 Uhr; Eintritt frei

Isle of Jura → Port Askaig auf Islay

Zurück geht es zum Hafen, wo man das **Schiff nach Islay** nimmt. Schon von weitem sieht man die nördlich von Port Askaig liegende **Caol Ila Distillery.**

Islay

S. 116, C 17

Die südlichste Insel der Inneren Hebriden besticht mit ihren Zahlen: 32 km lang, 15 km breit, 3300 Einwohner und sieben namhafte Brennereien! Wenn der Name dieser Insel genannt wird, geraten Whisky-Kenner ins Schwärmen. Alle Brennereien der Insel liegen am Meer. Diese Lage macht sich natürlich im Geschmack der Insel-Whiskys bemerkbar: eine salzige Note. Aber vor allem der rauchige, torfige Geschmack zeichnet die Whisky-Sorten aus dem Süden von Islay aus, denn hier wird das Malz über einem Torffeuer gedarrt. Der Torf wird in den Hochmooren Islays gestochen.

Hotels/andere Unterkünfte

Ballygrant Inn & Restaurant
Sehr kleines Hotel in Ballygrant, etwa in der Mitte der Strecke Bowmore–Port Askaig an der A 846 liegend. Das Restaurant führt traditionelle Inselkost.
Ballygrant; Tel. und Fax 0 14 96/84 02 77; www.ballygrant-inn.co.uk; 3 Zimmer ●● CREDIT

Lochside Hotel
In einer kleinen Nebenstraße der Main Street liegt dieses kleine Hotel mit Restaurant. Seine Bar ist bestückt mit einer Vielzahl von Islay-Whiskys.
Shore Street, Bowmore; Tel. 0 14 96/81 02 44; www.lochsidehotel.co.uk; 8 Zimmer ●●● CREDIT

Machrie Hotel
Hotel bei Port Ellen, in dem eine freundliche und entspannte Atmosphäre herrscht. Das Restaurant serviert gute Menüs aus lokalen Produkten, und in der Bar kann man alle Single Malts der Insel probieren. Angrenzend ist ein 18-Loch-Golfplatz.
Port Ellen; Tel. 0 14 96/30 23 10, Fax 30 24 04; www.machrie.com; 18 Zimmer ●●● CREDIT

Port Charlotte Hotel
Zimmer mit Seeblick, gute Meeresfrüchte im Restaurant. Im nahen Dorf Bruichladdich veranstaltet das kleine Bürgerzentrum regelmäßige »ceilidh«, Abende mit keltischer Livemusik.
Main Street, Port Charlotte; Tel. 0 14 96/85 03 60, Fax 85 03 61;

Eigen wie die Insel Islay ist auch der Geschmack des Laphroaig: »Man liebt ihn oder man hasst ihn.«

www.portcharlottehotel.co.uk; 10 Zimmer ●● CREDIT

SERVICE

Anreise

Flüge ab Glasgow mit British Airways (Loganair mit BA-Flugnummer ca. 2-mal tgl. Mo–Sa). Schiffsfähre nach Port Askaig oder Port Ellen mit Caledonian MacBrayne Ferries; Tel. 01880/730253, www.calmac.co.uk. Fähre Islay (Port Askaig) zur Isle of Jura (www.juradevelopment.co.uk/ferry) verkehrt mehrmals tgl.

Touristeninformation

Die Touristeninformation hilft bei der Zimmersuche.

Islay Tourist Information Center Bowmore, Isle of Islay; Tel. 0044/1496810254

Port Askaig → Caol Ila Distillery

Von dem winzigen Port Askaig führt die A 846 einen kleinen Hügel hinauf, und nach einem knappen Kilometer biegt man rechts in eine kleine Nebenstraße ab, die zur Caol Ila Destillerie führt.

Caol Ila Distillery

→ S. 116, C 17

Gebaut wurde die Caol Ila Brennerei im Jahr 1846; aus dieser Zeit sieht man aber heute nur noch die Lagerhäuser. Die Destillerie erhielt in den 1970er-Jahren neue Gebäude. Bei diesem Neubau verschwand der alte »kiln«, da die Brennerei ihre Gerste nicht mehr selbst mälzt, und die »stills« wurden auf sechs erhöht. Das »stillhouse« von Caol Ila ist aufgrund seines Ausblickes wohl das schönste in Schottland: Durch seine hohe Glasfront hat man einen wunderbaren Blick hinüber auf Jura und die so genannten **Paps,** die Hügel, die aufgrund ihrer Form »Brüste« genannt werden. Seit kurzem gibt es drei verschiedene Originalabfüllungen: einen 12-jährigen, einen 18-jährigen Whisky sowie eine fassstarke Abfüllung ohne Altersangabe. Sie alle besitzen das typische Islay-Aroma nach Rauch und Torf, jedoch nicht so intensiv wie die Whiskys aus dem Süden der Insel.

Modern und doch reizvoll: Von der Caol Ila Distillery aus hat man einen tollen Blick auf die gegenüberliegende Isle of Jura.

Port Askaig, Isle of Islay, Argyll; Tel. 0 14 96/30 27 60; Mo–Fr auf Anfrage; Eintritt 3 £, wird beim Einkauf verrechnet

Bunnahabhain Distillery

S. 116, C 17

Für die Fahrt von Caol Ila zur Bunnahabhain Destillerie nimmt man wieder die Straße zurück Richtung Norden und erreicht nach ca. 6 km das Dorf Bunnahabhain mit der gleichnamigen Destillerie. Ihr Whisky hat einen für die Islay Whiskys untypischen Geschmack: leicht, sanft und fruchtig und nur einen ganz leichten torfigen Anklang. Das rührt daher, dass das verwendete Wasser über eine Leitung von den Margadale Hills zur Brennerei gepumpt wird und daher nicht mit Torf in Berührung kommt. Die etwas gedrungenen Flaschen der Bunnahabhain Brennerei sind bei Liebhabern genauso bekannt wie der bärtige Seebär auf dem Etikett. Auf der Rückseite der Flaschen ist der Text des bekanntesten Folkslied Islas »Westering Home« abgedruckt.

Port Askaig, Isle of Islay, Argyll; Tel. 0 14 96/84 06 46; www.blackbottle.com; März–Okt. 10–16 Uhr, Nov.–Feb. auf Anfrage; Eintritt frei

Bunnahabhain → Bruichladdich

Man muss auf die A 846 zurückkehren und in südwestlicher Richtung bis Islay House fahren. Hier biegt man auf die A 847 ab, und entlang des Loch Indaal gelangt man zur Bruichladdich Distillery.

Bruichladdich Distillery

S. 116, B 17

Die einem Schloss ähnliche Brennerei, 1881 gegründet, wurde erst 2001 wieder eröffnet, nachdem sie ein paar Jahre nur sporadisch arbeitete. Die Eröffnung wurde mit hunderten Einheimischen und zahlreichen Liebhabern aus der ganzen Welt gefeiert, ein Feuerwerk um Mitternacht gab dem Ereignis einen krönenden Abschluss: »Bruichladdich is back« hieß der Slogan. Die neuen Besitzer, ein Konsortium, konnten einen der renommiertesten Fachleute für schottischen Whisky als »Master Distiller« gewinnen: Jim McEwan sammelte sein Wissen bei der **Bowmore Distillery**, die gleich gegenüber von Bruichladdich auf der anderen Seite des Loch Indaal liegt. Er veränderte die Geschmacksnuance, verlieh dem Whisky noch mehr Fruchtigkeit und etwas Süße. Seit der Wiedereröffnung wurden auch das Label sowie das gesamte Erscheinungsbild modernisiert. Außerdem ist ein Visitor Centre hinzugekommen, in dem man seinen Whisky selbst abfüllen kann. Diese Flasche wird sogar mit einem individuellen Etikett versehen. Als einzige Brennerei bietet Bruichladdich unter dem Stichwort »The Academy« Wochenkurse zur Vertiefung der Kenntnisse rund um die Whiskyherstellung an.

Bruichladdich ist bis jetzt noch die westlichste schottische Malt Whisky Destillerie. Das wird sich ändern, wenn die **Kilchoman Distillery** in dem gleichnamigen Ort auf Islay in Betrieb gehen wird. Wahrscheinlich ist das im Herbst 2005 der Fall (www.kilchomandistillery.com). Kilchoman wird eine Farmhouse-Destillerie sein, noch kleiner als Edradour.

Port Charlotte, Isle of Islay, Argyll; Tel 0 14 96/85 02 21, www.bruichladdich.com; Mo–Sa 9–17 Uhr; Eintritt 3 £, wird beim Einkauf verrechnet

Bruichladdich → Bowmore

Die Meeresbucht zwischen Bruichladdich und Bowmore ist nur 4 km breit. Um aber von einem Ort zum anderen zu gelangen, muss man das nördliche Ende des Loch Indaal umfahren: zuerst wieder zurück auf der A 847 bis Islay House, dann weiter auf der A 846 nach Bowmore.

Älteste Brennerei am Platz: Die Bowmore Distillery aus dem Jahr 1779 ist fast so alt wie der gleichnamige Hauptort der Insel Islay.

Bowmore Distillery

S. 116, C 17

Im Hauptort von Islay, dem schmucken Bowmore, liegt die wohl älteste lizenzierte Brennerei der Insel. Sie wurde 1779 gegründet und ist damit nicht viel jünger als die kleine Stadt selbst. Eins der ehemaligen Lagerhäuser der Destillerie wurde in ein öffentliches Hallenbad umgewandelt. Bemerkenswert ist, dass sich einige der Lagerhäuser unterhalb des Meeresspiegels befinden. Immer noch wird ein Teil der benötigten Gerste in Bowmore selbst gemälzt. Die Brennerei besitzt ein Wärmerückgewinnungs-System, um Energiekosten zu sparen. Mitte der 1990er-Jahre brachte die Destillerie in limitierter Auflage eine 30-jährige Abfüllung auf den Markt, den Black Bowmore, für den Whisky-Liebhaber heute mehrere tausend Euros zahlen. Bowmore liegt leicht versetzt von der Main Street am Ufer des Loch Indaal. Am anderen Ende der Main Street steht die um 1860 erbaute **Kirche von Bowmore,** von der es heißt, sie sei vollständig rund, damit der Teufel sich in keiner Ecke verstecken kann.

Bowmore, Isle of Islay, Argyll; Tel. 0 14 96/81 04 41; www.bowmore.com; tgl. Tours Mo–Fr 10.30 und 14, im Sommer 10.30, 11.30, 14 und 15, Sa 10.30 Uhr; Eintritt 2 £, wird beim Einkauf verrechnet

Bowmore → Port Ellen

Bowmore verlässt man auf der A 846 in südlicher Richtung. An der Südküste liegt der kleine Ort **Port Ellen**, um den herum drei der berühmtesten Whisky-Destillerien ihren Sitz haben. Am westlichen Ortsrand von Port Ellen liegt die **gleichnamige Brennerei,** die 1983 geschlossen wurde. Die Gebäude stehen unter Denkmalschutz. Daneben liegt die **Großmälzerei**, welche die Destillerien auf Islay und Jura mit Malz versorgt.

Laphroaig Distillery

S. 116, C 18

Wenn man Port Ellen durchquert hat, erreicht man nach ca. 3 km die an einer Bucht liegende Laphroaig Distillery. »Man liebt oder man hasst ihn« heißt der Werbespruch, und das kommt nicht von ungefähr: Es gibt wohl kaum einen Whisky auf der

Welt, der die Kenner derartig in zwei Lager spaltet. Für die einen schmeckt er nach Medizin, die anderen lieben gerade diesen jodartigen Charakter. Dieser extrem eigenen Geschmacknote, zu der sich noch der Rauch und Torf gesellen, verdankt es der Laphroaig Whisky, dass er sogar während der Prohibition in den USA (1919–1932) als Medizin verkauft werden durfte. 1815 wurde die Brennerei von den Brüdern Johnston gegründet. Einer der beiden kam ein paar Jahre später auf tragische Weise ums Leben: Er ertrank in einem Whiskyfass. Die Destillerie blieb bis ins Jahr 1954 in Familienbesitz, dann vererbte der damalige Besitzer sie an seine Sekretärin Bessie Smith. Dass auch eine Frau eine Brennerei sehr gut leiten kann, bewies Bessie Smith und wurde zu einer respektierten Persönlichkeit in der Whiskybranche. Mehrmals wurden neue Brennblasen hinzugefügt, so dass Laphroaig heute sieben »stills« besitzt. Zudem hat sie immer noch »floor maltings«, mälzt einen Teil der benötigten Gerste selbst und verfügt über eigene Torffelder sowie einen Stausee auf der Insel.

Port Ellen, Isle of Islay, Argyll; Tel. 0 14 96/30 24 18; www.laphroaig.com; Tour Sept.–Juni Mo–Do 10 und 14.15, Fr 10.30 Uhr; Eintritt frei

Lagavulin Distillery

S. 116, C 18

2 km östlich von Laphroaig steht die Lagavulin Destillerie, deren Geschichte bis ins Jahr 1816 zurückreicht. Mitte des 18. Jh. sollen zehn illegale Brennereien auf dem heutigen Gelände gestanden haben, von denen jedoch nichts mehr zu sehen ist. Der Lagavulin gehört zu den Classic Malts. Für Liebhaber ist es dieser Whisky, dessen Geschmack für Islay am typischsten ist: schwer, rauchig, torfig, ein Schlummertrunk, den man am besten nach einem guten Essen am Ende des Tages genießt. Die Brennerei hat Probleme, genug Whisky herzustellen. Und dies, obwohl dort in drei Schichten rund um die Uhr und sieben Tage in der Woche gearbeitet wird! Dies war nicht immer so. In den 80er-Jahren des letzten Jahrhunderts arbeitete Lagavulin nur drei Tage pro Woche. Die Besitzer überlegten damals, ob man die Brennerei eine Weile schließen sollte. Innerhalb des Geländes von Lagavulin stand seit Anfang des 20. Jh. bis 1960 eine zweite Destillerie, **Malt Mill** genannt. Als sie ihren Betrieb aufgab, wurde sie in Lagavulin integriert. Heute hat Lagavulin der **Laphroaig Distillery** ein wenig den Rang als bekannteste Brennerei auf Islay abgelaufen.

Port Ellen, Isle of Islay, Argyll; Tel. 0 14 96/30 24 00; Mo–Fr 9–16.30 Uhr; Eintritt 3,50 £

Ardberg Distillery

S. 116, C 18

Fährt man 1,5 km weiter Richtung Osten, erreicht man die Ardberg Brennerei. Als sie im Juli 1996 ihre Tore schloss, dachte man, es sei für immer. Doch neue Investoren (Glenmorangie) kauften sie, und nach einer gründlichen Renovierung konnte man schon drei Jahre später wieder eröffnen. Die Destillerie, 1794 gegründet, verwendet für ihren Whisky sehr stark getorftes Malz, was sich im Geschmack niederschlägt. Genau deswegen lieben ihn seine Anhänger. Ihr wunderschönes Visitor Centre mit einem Café, in dem es auch kleine Gerichte gibt, wurde in den alten »kilns« eingerichtet. Mitglieder von Ardbeg haben die Möglichkeit, Spezialangebote und Einzelabfüllungen zu beziehen.

Port Ellen, Islay, Argyll; Tel. 0 14 96/30 22 44; www.ardbeg.com; Mo–Fr 10–17, Juni–Aug. Sa und So 10–17 Uhr; Eintritt 2 £, wird beim Einkauf über 15 £ verrechnet

Heimliche Hauptstädte: Von Campbeltown nach Glasgow

Auf der Kintyre-Halbinsel, die Paul McCartney in einem seiner bekanntesten Lieder (»Mull of Kintyre«) besang, liegt im Südosten die frühere **Whisky-Hauptstadt Campbeltown.** Drei Brennereien sind hier, in der kleinsten Whisky-Region Schottlands, beheimatet. Darunter die berühmte **Springbank Distillery**, bei deren Besuch man alle Stationen des Destillierens vom Mälzen bis zur Abfüllung besichtigen kann. Die südlichste Insel Schottlands, Arran, wird auch »Schottland im Kleinformat« genannt und ist der Sitz der **Arran Distillery**, die 1995 eröffnet wurde. Bevor man wieder aufs Festland übersetzt, kann man in der Hafenstadt **Brodick** das gleichnamige Schloss besichtigen und berühmte Werke der Maler Thomas Gainsborough, William Turner und Antoine Watteau anschauen. Nach der Durchquerung der **Region Ayrshire** endet diese rund 180 km lange Route in der neu erblühten Metropole **Glasgow**, der größten Stadt Schottlands. (Karte → S. 116, C 18; S. 117, D 17–F 17; Glasgow: Umschlagkarte hinten)

Port Ellen (Isle of Islay) → Campbeltown

Port Ellen verlässt man mit der Fähre und kehrt zurück nach Kennacraig auf der **Kintyre-Halbinsel**. Kurz nach der Abfahrt bietet sich vom Schiff aus ein herrlicher Blick auf die **Destillerien Laphroaig, Lagavulin** und **Ardbeg**. Nach zwei Stunden und 20 Minuten Fahrzeit legt die Fähre in **Kennacraig** an. Um die gut 50 km nach **Campbeltown** zurückzulegen, muss man sich auf der A 83 Richtung Süden halten. Die Fahrt führt an der dünn besiedelten, landwirtschaftlich genutzten Westküste entlang bis in den Süden, man überquert die hier nur 8 km breite Halbinsel und erreicht Campbeltown an der Ostküste. Campbeltown ist die kleinste Whisky-Region Schottlands und Sitz einer der berühmtesten Brennereien des Landes: der **Springbank Distillery**. Bei schönem Wetter, und das gibt es in Schottland doch mehr als allgemein angenommen, hat man von hier einen tollen Blick auf die **Paps of Jura** und die Südostküste von Islay. Bis ins 17. Jahrhundert trug Campbeltown den Namen Kinlochkerran. Der heutige Name geht auf die anhaltenden Kämpfe zweier Clans zurück: die Campbells of Inveraray und die MacDonalds of Kintyre lagen in ständigem Streit. Archibald Campbell besiegte seine Widersacher endgültig Mitte des 17. Jh. und gab so der Stadt ihren heutigen Namen.

Gäbe es nicht zwei – seit dem Jahr 2004 sogar drei – Whisky-Destillerien in Campbeltown, wäre dieser Name niemandem außerhalb Schottlands ein Begriff.

Campbeltown → S. 117, D 18

Fast am südlichen Ende Kintyres gelegen, ist Campbeltown mit seinen rund 6200 Einwohnern ein kleines, ruhiges Städtchen, das heute wahrscheinlich kein Mensch mehr außerhalb Schottlands kennen würde, gäbe es dort nicht noch zwei, seit dem Jahre 2004 sogar drei Whisky-Destillerien. Zumindest eine davon, **Springbank**, ist weltberühmt. Die zweite Brennerei mit dem Namen **Glengyle** wurde erst im Jahr 2004 eröffnet. Die dritte, **Glen Scotia**, ist leider nur ein paar Wochen im Jahr in Betrieb, und das Schild am Eingangstor »Zu Verkaufen« ist nicht zu übersehen. Diese drei noch betriebenen Destillerien sind der klägliche Rest von über 30 Brennereien, die es in den 20er-Jahren des letzten Jahrhunderts in Campbeltown gab, z. B. **Ardlussa, Broombrae, Drumore** und **Glenramskill.** Von den meisten Gebäuden ist heute nichts mehr zu sehen. Eine Ausnahme ist **Benmore** in der oberen Stadt, gleich neben Glen Scotia. Der »kiln« von Benmore ist noch fast vollständig erhalten, und auch die anderen Gebäude verraten ihre frühere Funktion. Heute wird Benmore als Busdepot verwendet. Dass es in Campbeltown so viele Brennereien gab, hat verschiedene Gründe: In früheren Jahrhunderten war der Ort wegen seiner geschützten Lage und seinem Naturhafen eine Hochburg des illegalen Whiskybrennens. Als man im 19. Jh. legale Lizenzen erwerben konnte, schossen die Destillerien wie Pilze aus dem Boden. Der Hafen erlaubte es, den gebrannten Gerstensaft nach Amerika zu verschiffen. Viele Brennereien fanden hier ihren größten Absatzmarkt, was ihnen aber in den 1920er- und 1930er-Jahren zum Nachteil wurde: In den USA herrschte die Prohibition, es durfte dort auch kein ausländischer Alkohol eingeführt werden. Deswegen mussten die meisten Brennereien für immer schließen.

Namen und Standorte der vielen (ehemaligen) Campbeltown-Brennereien findet man im Internet unter www.celticmalts.com/journal-a4.htm

Hotels/andere Unterkünfte/ Essen und Trinken

The Ardshiel Hotel
Kleines, gemütliches Hotel. Das Gebäude wurde in der Mitte des 19. Jh. von einem der vielen Whisky-Barone gebaut. Die Bar hat über 200 Malts im Ausschank.
Kilkerran Road; Tel. 0 15 86/55 21 33, Fax 55 14 22; www.ardshiel.co.uk ●● CREDIT

White Hart Hotel
Größeres Hotel im Zentrum der Stadt. Jedes Wochenende Livemusik.
Main Street; Tel. 0 15 86/55 37 52, Fax 55 49 72; www.whiteh.com ●● CREDIT

The Tay Mahal Tandoori
Wunderbare indische Gerichte.
16 Hall Street; Tel. 0 15 86/55 43 26

Sehenswertes

Mull of Kintyre → S. 116, C 18
Südlichster Punkt der Halbinsel. Bekannt geworden durch den Song »Mull of Kintyre«. Bei schönem Wetter kann man bis nach Nordirland schauen.

Das schottische Festland misst 73 217 Quadratkilometer. Nicht alle Inseln, die zusammen 4912 Quadratkilometer ausmachen, sind bewohnt.

Jim von der Springbank Distillery erklärt den Besuchern alle Feinheiten – vom Torf bis zum fertigen Produkt.

Springbank Distillery

→ S. 117, D 18

Zur berühmten Springbank-Destillerie gelangt man über die A83, die im Stadtgebiet »Longrow« heißt. Kurz 10 bevor die A83 endet und in die Main Street übergeht, geht auf der rechten Seite eine kleine Seitenstraße (Well Close) ab. Nach nur wenigen Metern findet man hier die Brennerei Springbank, deren unscheinbare, zum Teil noch aus dem Gründungsjahr (um 1820) stammende Gebäude leicht zu übersehen sind.

Springbank nimmt unter den schottischen Brennereien eine Sonderstellung ein. Anfangs war sie eine Schwarzbrennerei, erhielt dann aber eine Lizenz zum legalen Brennen. Seither ist sie neben Glenfarclas in der Speyside-Region die einzige Destillerie, die seit ihrer Gründung un unterbrochen im Besitz einer Familie ist. Der heutige Besitzer, Hedley Wright, gehört zur Gründerfamilie Mitchell und achtet darauf, dass die Tradition so weit wie möglich bewahrt wird. So wurde z. B. bis in die 60er-Jahre hinein der Torf vor Ort gestochen und die Kohle für die Brennblasen aus örtlichen Minen bezogen. Außerdem ist Springbank die einzige Brennerei Schottlands, in der noch alle zur Whisky-Herstellung notwendigen Abläufe in Handarbeit gemacht werden: vom Mälzen über das Maischen, das Destillieren und Lagern bis hin zur Flaschenabfüllung (eigene Abfüllanlage hat noch **Glenfiddich**). Außerdem wird der Whisky hier zweieinhalbmal destilliert, d. h., der Mittellauf des zweiten Destillats wird nochmals gebrannt. Springbank lagert seine Whiskys vor allem in Bourbon- und Sherryfässern, fürs »finnishing« wird auch mal ein Rumfass verwendet, um dem Geschmack eine andere Note zu geben. Typisch für den hier hergestellten Whisky ist seine ölige Konsistenz, seine süße Fruchtigkeit mit einer leichten Rauchfahne und der gleichzeitigen Salzigkeit. Das Ungewöhnlichste an Springbank ist jedoch, dass sie drei völlig unterschiedliche Malt Whiskys herstellt. Da wäre der »Hazelburn«, ein Malt aus ungetorftem Malz, von dem es noch keine Abfüllung gibt, da er noch reift. Es wird ein eher milder Whisky sein, vergleichbar mit den Malts aus der Lowland-Region. Der zweite Malt Whisky trägt den Namen der Destillerie, »Springbank«. Es ist einer der bekanntesten und auch einer der besten Single Malt Whiskys. Die Verwendung von getorftem Malz gibt diesem Destillat seinen unverwechselbaren Geschmack: eine Verbindung aus Rauch, Sherrynote und auch Seearoma, was ein wirkliches Erlebnis für Nase und Gaumen ist. Auf dem Markt findet man immer noch ältere Springbanks, die leider sehr teuer sind. Mitglieder der »Springbank Society« kommen auch heute gelegentlich an einen alten Whisky aus einem Einzelfass (www. springbankdistillers.com). Der Dritte im Bunde ist der »Longrow«. Bei ihm wird das gesamte zweite Destillat, also mit Vor- und Nachlauf, nochmals gebrannt. Beim Longrow verwendet man sehr stark getorftes Malz, somit kann dieser Whisky ohne weiteres einem Vergleich mit den Malts aus Islay standhalten. Auf dem Markt gibt es einen zehn Jahre alten und seit Herbst 2004 einen sehr edlen 14-jährigen. Die Namen Hazelburn und Longrow wurden von zwei in Campbeltown ansässigen, heute nicht mehr existierenden Destillerien übernommen. Die **Hazelburn Brennerei** schloss ihre Tore 1925, **Longrow** wurde schon 1896 stillgelegt. Da Springbank kein Besucherzentrum besitzt, sollte man sich für eine Führung, die zu empfehlen ist, telefonisch anmelden. Der Besucher sieht hier wirklich alles, was zur Whisky-Herstellung nötig ist: die »malting floors«, den »kiln«, der mit Torf befeuert wird, das »mash house«, die dicken, zwiebelförmigen Brennblasen, die Lagerhäuser und die Abfüllanlage. Zum Abschluss einer jeder Führung erhält der Teilnehmer eine Miniaturflasche (Inhalt ist 5 cl) eines Springbanks mit der Aufschrift »Private Bottling for Distillery Visitors«.

Campbeltown, Argyll; Tel. 0 15 86/ 55 20 09; www.springbankdistillers.com; Mo–Fr 14–15 Uhr; Eintritt 3 £

Glengyle Distillery

····> S. 117, D 18

Gleich neben Springbank gelegen, wurde Glengyle im Jahr 2004 wieder eröffnet, nachdem sie fast 80 Jahre als landwirtschaftliches Lager diente. Die alte Glengyle Destillerie musste 1925 ihren Betrieb aus zwei Gründen einstellen: die Wirtschaftskrise nach dem Ersten Weltkrieg und die Prohibition, das strikte Alkoholverbot in den USA. Im Jahre 2000, nach einigen gescheiterten Versuchen, Glengyle wieder in Betrieb zu nehmen, erwarb Hedley Wright die Gebäude der Destillerie. Er ist ein Nachkomme des Gründers der Glengyle-Destillerie sowie Hauptaktionär der benachbarten **Springbank** Brennerei. Ab dem Jahre 2001 wurde die ganze Anlage renoviert. Man musste nicht nur die unter Denkmalschutz stehenden Gebäude sanieren, sondern auch die Maschinen, Malzmühle, Maischebottiche und Brennblasen restaurieren oder neu kaufen (von der stillgelegten **BenWyvis Distillery**). Am 25. März 2004 wurde Glengyle als erste schottische Brennerei in diesem Jahrtausend wieder in Betrieb genommen. Der Whisky von Glengyle wird jedoch nicht den Namen der Destillerie tragen, sondern Kilkerran heißen. Den Namen »Glengyle« trägt schon eine Vatted Malt Marke, also ein Whisky, der aus mindestens zwei, meistens aber mehreren Single Malts verschnitten wird. Der Name Kilkerran ist natürlich nicht ohne Grund gewählt worden. Er stammt vom gälischen »Ceann Loch Cille Chiarain« ab: So hieß die erste keltische Siedlung, an deren Stelle sich jetzt die Stadt Campbeltown befindet. Letzten Informationen zufolge wird es voraussichtlich 2014 eine erste Abfüllung des Kilkerran geben. Auf der Internetseite www.kilkerran.com besteht bereits die Möglichkeit, Flaschen zu subskribieren.

85 Longrow, Campbeltown, Argyll; Tel. 0 15 86/55 20 09; www.kilkerran.com; Tour Mo–Fr 14 Uhr; Eintritt 3 £

Glen Scotia Distillery

····> S. 117, D 18

Die dritte Destillerie in Campbeltown ist Glen Scotia, im nördlichen Stadtteil an der High Street gelegen. Zurzeit arbeiten dort nur hin und wieder drei Mitarbeiter, und wenn Not am Mann ist, eilen Springbank-Mitarbeiter zu Hilfe. Wer Campbeltown Whiskys mag, sollte auch einmal zu Glen

Scotia greifen. Ein 14-jähriger ist auf dem Markt, auch unabhängige Abfüller haben immer wieder mal einen Whisky dieser Brennerei. Glen Scotia wurde kurz nach **Springbank** im Jahre 1832 gegründet. Es geht das Gerücht um, dass der ehemalige Besitzer, der im Loch Campbeltown ertrunken ist, noch immer in der Destillerie sein Unwesen treibt.

Campbeltown → Lochranza (Isle Arran)

Der kürzeste Weg, um von Campbeltown auf die benachbarte Insel Arran zu gelangen, führt am Ostufer der Kintyre-Halbinsel entlang. Die gut 45 km lange Strecke ist eine einzige Berg- und Talfahrt, immer hat man die Insel Arran im Osten vor Augen. Kurz nach Rockfield biegt man rechts ab auf die B 8001, um zur Fähre zu gelangen. Die Überfahrt dauert eine halbe Stunde. Doch Vorsicht: Bei schlechtem Wetter und stürmischer See ist der Fährbetrieb eingestellt. Um sicher zu gehen, ruft man die **Caledonian MacBrayne Fährgesellschaft** an (Tel. 0 87 05/65 00 00) und erkundigt sich bei ihnen. In der Nähe von Lochranza legt die Fähre an.

Isle Arran

→ S. 117, E 18

Arran, auch »Schottland im Kleinformat« genannt, ist eine der südlichsten Inseln Schottlands. Wie eine Kleinausgabe des Landes hat sie Berge und Seen im Norden und sanfte Hügel- und Wiesenlandschaften im Süden.

Hotels/andere Unterkünfte

Auchrannie Spa Ressort
Großer Hotelkomplex in Brodick mit eigener Tennishalle und vorzüglicher Küche.
Tel. 0 17 70/30 22 24, Fax 30 28 12; www.auchrannie.co.uk; 36 Zimmer ●●●● CREDIT

Invercloy Hotel
Kleines, gemütliches Hotel mit wunderschönem Blick auf die Brodick Bay. Nur fünf Minuten vom Fährhafen entfernt.
Shore Road; Tel. 0 17 70/30 22 25, Fax 30 38 28; 11 Zimmer ●●● CREDIT

Arran Distillery

→ S. 117, E 18

Von der Fähranlegestelle nimmt man die A 841 in südöstlicher Richtung. Kurz nach dem Ort Lochranza trifft man auf die Arran Destillerie. Nachdem 150 Jahre lang auf der Insel kein Whisky mehr gebrannt wurde, eröffnete 1995 die kleine, hübsche Arran Brennerei. Eigentlich war die Eröffnung schon ein Jahr früher geplant, doch da ein Adlerpaar bei der Destillerie brütete, musste alles verschoben werden. Traditionellerweise hat immer nur das Mälzhaus ein Pagodendach, hier jedoch haben alle Gebäude ein solches Dach. Bei gutem Wetter sind sie schon von der Kintyre-Halbinsel und vom Fährschiff aus zu sehen. Stolz sind die Betreiber von Arran auch auf ihr Besucherzentrum, welches 1997 von Königin Elisabeth II. eröffnet wurde. Schon die Einfahrt Ihrer Majestät auf ihrer Yacht »Britannia« in den Hafen von Lochranza war ein Ereignis für die Einwohner der Insel.

Nach den gesetzlich vorgeschriebenen drei Jahren der Reifung, wonach sich ein Destillat erst Whisky nennen darf, brachte die Brennerei mit ihren fünf »stills« schon ihren ersten Malt auf den Markt. Es war eine limitierte Sonderabfüllung und kann heute nur mit sehr viel Glück erworben werden. Seither sind schon etliche, ganz unterschiedliche Abfüllungen erschienen. Der Arran hat eine cremige und würzige Note. Die Brennerei ist für Besucher geöffnet, betreibt ein Geschäft und ein Restaurant mit exzellenter Küche.

Lochranza, Isle of Arran, Argyll; Tel. 0 17 70/83 03 34; www.arranwhisky.com; April–Okt. 10–18 Uhr, im Winter unterschiedliche Öffnungszeiten, anfragen; Eintritt 3,50 £, wird beim Einkauf verrechnet

Lochranza → Brodick

Weiter führt die Straße durch ein Tal, dann über einen Pass, bevor man kurz nach Mid Sannox wieder die flache Küste erreicht. **Brodick**, an der Ostküste von Arran gelegen, ist der Haupthafen und Fähranlegestelle in der gleichnamigen Bucht.

Brodick Castle → S. 117, E 18

Brodick ist bekannt durch seine imposante rote Sandsteinburg. Die Burg wurde an der Stelle einer früheren Wikingerfestung im 13. Jh. erbaut. Schon früh besetzten sie die Engländer, doch durch die Anhänger von Robert Bruce konnte sie zurückerobert werden. Im 15. Jh. niedergebrannt, im 16. Jh. auf Befehl des englischen Königs Henry VIII. teilweise zerstört, wurde Brodick Castle Mitte des 19. Jh. wieder aufgebaut. Besucher können an einer Führung durch das Gebäude teilnehmen. Zu sehen sind die Gemächer und Einrichtungsgegenstände sowie bedeutende Gemälde, z. B. von Thomas Gainsborough, William Turner und zwei Bilder von Antoine Watteau.

April–Okt. tgl. 11.30–17, Garten und Park tgl. 9.30 bis Sonnenuntergang

SEHENSWERTES

Arran Brewery → S. 117, E 18

Kurz nach Brodick in nördlicher Richtung liegt das kleine Örtchen Claddach mit seiner Bierbrauerei. Im Visitor Centre kann man viele verschiedene Biere degustieren.

Tel. 0 17 70/30 23 53, Fax 30 26 53; www.arranbrewery.com;

Brodick → Glasgow

Die **Überfahrt** von Brodick aufs Festland zum Ort **Adrossan** dauert knapp eine Stunde. Die Fahrt in das rund 50 km entfernte Glasgow führt zuerst auf der A 737 bis nach Johnstone. Hier biegt man rechts auf die B 789. Der nächste kleine Ort heißt **Elderslie** und ist nur bekannt, weil hier 1270 der schottische Freiheitskämpfer William Wallace geboren wurde. Von dort weiter auf der A 761 nach Glasgow.

Drei Pagodendächer, aber nur ein Ofen: Die Arran Distillery hat alle Gebäude hübsch überdacht.

Glasgow

→ S. 118, A 21

Stadtplan → Umschlagkarte hinten

Längst hat Glasgow das Image einer schmutzigen Arbeiterstadt abgeschüttelt. Die entscheidende Wende brachte die Wahl zur europäischen Kulturhauptstadt 1990. Damals wurden die kulturellen Schätze der Stadtmitte, das Ergebnis der Blütezeit im 18. und 19. Jh., herausgeputzt. Die Rolle Glasgows als Drehscheibe des Atlantikhandels im 18. Jh. bescherte der Stadt die prächtigen Lagerhäuser des **Merchant-City-Viertels**, in denen sich modische Geschäfte und Restaurants etabliert haben. Auch das 19. Jh., als Glasgow im Schiffbau weltführend war, hinterließ ein reiches architektonisches Erbe, das man vor allem in der Gegend um den **George Square** bewundern kann.

Doch die Geschichte der Stadt reicht viel weiter zurück. Dort, wo heute die **gotische Kathedrale** steht, gründete der Heilige Mungo im 6. Jh. ein Kloster. Glasgow erhielt 1175 die Stadtrechte und hat seit dem 15. Jh. eine Universität, die sich heute im vornehmen **West End** befindet.

Der Aufschwung des Kulturjahres 1990 ging nicht verloren. Durch das wirtschaftliche Wachstum vor und nach der Jahrtausendwende zeigt die Stadt ihre glitzernde Seite mit einer vitalen Club- und Gastronomieszene, während das kulturelle Leben mit erstklassigen Museen, Theatern und Konzerten glänzt.

Hotels/andere Unterkünfte

One Devonshire Gardens Hotel

→ Umschlagkarte hinten, nordwestl. d 4

In diesem Ensemble aus fünf herrschaftlichen Wohnhäusern steigt die Prominenz ab. Das Restaurant gehört zu den besten der Stadt.

1 Devonshire Gardens; U-Bahn: Hillhead; Tel. 01 41/3 39 20 01, Fax 3 34 29 99; www.onedevonshiregardens.com; 38 Zimmer ●●●● CREDIT

Malmaison

→ Umschlagkarte hinten, d 5

Zentral gelegen im Umbau einer griechisch-orthodoxen Kirche.

278 West George Street; U-Bahn: Buchanan Street; Tel. 01 41/5 72 10 00, Fax 5 72 10 02; www.malmaison.com; 72 Zimmer und 4 Suiten ●●● CREDIT

Glasgow ist eine junge, attraktive Stadt, die mit vielen Sehenswürdigkeiten und einer Menge Pubs aufwartet.

Brunswick Hotel

⇢ Umschlagkarte hinten, e 6

Modernes Hotel mit minimalistischem Design mitten in der lebhaften Merchant City.

106–108 Brunswick Street; U-Bahn: St. Enoch; Tel. 01 41/5 52 00 01, Fax 5 52 15 51; www.brunswickhotel.co.uk; 18 Zimmer ●● AmEx MASTER VISA ♿

Sehenswertes

St. Mungo Cathedral

⇢ Umschlagkarte hinten, f 5

Die einzige große gotische Kirche auf dem schottischen Festland, die die Reformation überstanden hat. Teile datieren aus dem späten 12. Jh. Sehenswert sind die Krypta und der große Friedhof auf dem Hügel hinter der Kathedrale.

Museen

Burrell Collection

⇢ Umschlagkarte hinten, südl. a 6

Die 8000 Exponate der Sammlung des Reeders Sir William Burrell bilden eine bedeutende Kunstsammlung mit Werken aus vielen Epochen und Kulturen. Sie reicht von Gemälden Rembrandts über Keramiken und Statuen bis hin zu orientalischer und chinesischer Kunst.

Pollok Country Park; Tel. 01 41/2 87 25 50; Mo–Do, Sa 10–17, Fr und So 11–17 Uhr; Eintritt frei

Gallery of Modern Art

⇢ Umschlagkarte hinten, e 5

Moderne Kunst wird nach den Themen Erde, Feuer, Wasser, Luft gruppiert. Empfehlenswertes Café in der obersten Etage.

Royal Exchange Square; Mo–Do, Sa 10–17, Fr und So 11–17 Uhr; Eintritt frei

Essen und Trinken

Ubiquitous Chip

⇢ Umschlagkarte hinten, b 4

Der »Chip« leistete vor 30 Jahren Pionierarbeit – einheimische Gerichte mit frischen schottischen Zutaten auf Gourmet-Niveau – und ist heute noch

Dixieland-Livemusik gibt es in den unzähligen Glasgower Pubs. Dazu einen guten Whisky.

beliebt. Im ersten Stock befindet sich die populäre Vine-Bar.

12 Ashton Lane (Byres Road); Tel. 01 41/3 34 50 07; U-Bahn: Hillhead ●●● CREDIT

Uisge Beatha

⇢ Umschlagkarte hinten, d 4

Pub im Univiertel mit schottischer Einrichtung, Personal im Schottenrock, sonntags Livemusik. Der Name bedeutet »Wasser des Lebens«, wie der Whisky früher genannt wurde.

232 Woodlands Road; U-Bahn: Kelvin Bridge

Service

Auskunft

Glasgow Tourist Office

⇢ Umschlagkarte hinten, e 5

11 George Square; Tel. 01 41/2 04 44 00, Fax 2 04 47 72; www.seeglasgow.com

Stadtrundfahrt im offenen Doppeldecker-Bus

Ein- und Ausstieg sind jederzeit möglich. Abfahrt: Westseite des George Square.

Alle 30 Min., im Sommer alle 15 Min., Dauer 80 Min.; Fahrpreis 8 £

Whisky-Glossar

Wichtige Begriffe rund um den Single Malt

Angel Share: Während der Lagerung des Whiskys verdunsten pro Jahr ungefähr 2 % der Flüssigkeit in den Fässern. Dies nennen die Schotten liebevoll den »Anteil der Engel«.

Baby Whisky: Junger, gerade destillierter und noch ganz klarer »Whisky«.

Beer : Bezeichnung für Wash.

Blended Whisky: Gemischter Whisky, von »blend« = mischen. Gemischt werden verschiedene Malt und Grain Whiskys. Der Anteil an Malt Whisky darf aber 51 % nicht unterschreiten.

Böttcher: auch Küfer; Handwerker, der Fässer herstellt und repariert.

Butt: Großes Sherry Fass, in dem der Whisky lagert. Es hat ein Fassungsvermögen von ca. 500 Litern.

Cask: Fass.

Cask strength: Fassstärke. Der Whisky wird, ohne mit Wasser verdünnt zu werden, abgefüllt. So kann der Alkoholgehalt des Whiskys in der Flasche noch bis zu 60 % vol. betragen.

Chill Filtration: Bei den meisten Abfüllungen kühlt man den Whisky, damit sich die Fettsäuren absetzen. Anschließend wird er nochmals gefiltert. Leider können damit aber auch Geschmacksnoten verloren gehen. Abfüllungen, welche weder gekühlt noch gefiltert werden, tragen auf dem Etikett die Aufschrift »non-« oder »without chill-filltration«.

Coffey Still: Spezieller, säulenförmiger Destillierapparat, benannt nach dem Erfinder A. Coffey. Er erzeugt nicht nur größere Mengen Whisky als der »pot still«, sondern auch einen sehr reinen Alkohol, den man zur Herstellung von Grain Whisky benötigt.

Die »stills«, die Brennblasen, sind das Herzstück der Whisky-Produktion. Ihre Form bestimmt die Intensität des Destillats.

Dram: Bedeutet Schluck. In Schottland wird das Wort verwendet für ein Glas Whisky.

Färben: Der meiste Whisky ist mit Zuckercouleur, einem Farbstoff aus Karamell, gefärbt. Da er sehr stark färbt, benötigt man nur kleine Mengen, die auf den Geschmack des Whiskys keinen Einfluss haben. Innerhalb der EU muss das aber auf dem Etikett deklariert werden.

Feints: So nennt man den »Nachlauf« beim zweiten Destilliervorgang. Hierbei handelt es sich um eine trübe, stark alkoholhaltige Flüssigkeit. Da man sie so nicht verwenden kann, wird sie wieder in sie erste Brennblase zurückgeführt und noch einmal den zwei oder drei Destilliervorgängen zugeführt.

Fermenting: Fermentierung, Gärung.

Finish: auch wood-finishing; gemeint ist die weitere Reifung des Whisky in einem anderen Fass (z. B. in Sherry-, Portwein oder Bourbonfässern).

Floor Malting: Mälzboden, auf dem die Gerste zum Keimen gebracht wird.

Foreshots: »Vorlauf«, der beim zweiten Destillieren entsteht. Er wird wieder in den Destilliervorgang zurückgeführt.

Glen: »Tal«, das Wort ist in unzähligen Destillerie-Namen zu finden, die damit ihre geografische Lage beschreiben.

Über einem Torffeuer wird die Gerste geröstet. Auch dies hat Einfluss auf die Note des Whisky.

Germination: Keimen der Gerste.

Grain Whisky: Wird aus der Maische verschiedener Getreidesorten wie Gerste, Weizen oder Mais hergestellt. So hat z. B. der amerikanische Bourbon Mais zur Grundlage. Der Grain Whisky wird nur einmal in dem »coffey still« gebrannt und hauptsächlich zum Verschneiden mit Malt Whisky zur Herstellung von Blended Whisky verwendet. Er reift mindestens drei Jahre in Eichenfässern und hat einen leichten Geschmack.

Grist: Das gemahlene Malz. Die Mischung aus Schrot und Mehl wird zu Maische weiterverarbeitet.

Das gemahlene Korn – der »grist« – wird zu Maische weiter verarbeitet.

Hogshead: Sherryfass mit einem mittlerem Fassungsvermögen von 238 l.

Kiln: Gebäude, in dem die feuchte Gerste mittels eines Ofens getrocknet wird. Typisch für den »kiln« ist das pagodenförmige Dach, das der Brennerei als Wahrzeichen dient. In ältere Destillerien, in denen noch gemälzt wird, kann man sich diese Gebäude auch ansehen.

Lomond Still: Spezielle Brennblase nach der Lomond Distillery benannt. Der darin hergestellte Whisky ist besonders hochprozentig.

Low Wines: Destillat, das man nach dem ersten Brennvorgang in dem »wash still« erhält.

Malt: Englisch für Malz

Malting: Mälzen. Bezeichnet den Vorgang, bei dem aus dem Getreide Malz wird.

Malt Whisky: Der originale, ursprüngliche Whisky. Heutzutage ist er als der reinste auch der teuerste Whisky. Er darf nur aus den drei Ausgangsmaterialien Gerstenmalz, Wasser und Hefe bestehen. Gebrannt sein darf er nur in der »pot still«.

Mash: Maische. Sie entsteht, wenn das gemahlene Korn eingeweicht wird, um den in ihm enthaltenen Zucker von der Stärke zu trennen.

Mash Tun: Maischebottich, in dem die Maische mit heißem Wasser bearbeitet wird.

Nosing: Von »nose«, Nase, und heißt Beriechen. Bevor die Brennerei ein Fass verkauft, wird der Whisky mit dem Geruchssinn auf seine Eigenschaften hin geprüft. Das macht auch der Maltwhisky-Liebhaber, bevor er sein Dram verkostet.

Für das »Nosing« verwendet der Kenner ein Tulpenglas.

Pure Malt: Ein Begriff, der fast keine Verwendung findet, da seine Bedeutung unklar ist. Einmal benutzt man ihn zur Bezeichnung eines Single Malt, ein anderes Mal für einen Vatted Malt. Meistens meint man den Verschnitt von mindestens zwei oder mehreren Single Malts.

Pot Still: Brennblase aus Kupfer.
Schankmaß: In britischen Pubs beträgt das offizielle Schankmaß für Whisky 25 ml.

Scotch Whisky: Hieß ursprünglich lediglich, dass ein Whisky in Schottland destilliert und mindestens drei Jahre in einem Eichenfass gelagert wurde. Im Sprachgebrauch setzte sich aber die Bezeichnung Scotch für Blended Whisky durch im Gegensatz zu einem Malt Whisky.

Single Barrel Whisky: Stammt aus einer einzigen Destillerie und aus einem einzigen Fass.

Single Grain: Grain Whisky, der aus einer einzigen Destillerie kommt.

Single Malt: Ehrenname für einen Malt Whisky, der aus einer einzigen, ganz bestimmten Brennerei stammt. Zwar darf der Whisky ein Gemisch aus verschiedenen Jahrgängen sein, diese dürfen aber nur aus einer Brennerei stammen. Die Flasche trägt nur dann den Namen der Destillerie, wenn sie auch selbst abfüllt und nicht ihre Fässer an andere Abfüller verkauft. In der Regel reift der Whisky mindestens acht Jahre in Eichenfässern.

Slainte math: Schottisch »zum Wohl« (ausgesprochen: slainghie vha).

Spirit Safe: Ein plombiertes Kontrollgerät, durch das beim zweiten Brennen das Destillat fließt. Dieser kupferne, mit Glasscheiben versehene Kasten ist verblombt, damit kein Alkohol entfernt werden kann. Der »spirit safe« ist mit Flüssigkeits- und Al-

Unter Verschluss: Der »spirit safe« ist üblicherweise verplombt.

koholmessgeräten ausgerüstet. Und darauf schaut der Brennmeister, um den so genannten Vorlauf und Nachlauf vom brauchbaren »spirit« zu trennen.

Spirit Still: Die zweite, kleinere Brennblase, in der aus dem »low wines« der Feinbrand destilliert wird.

Steeps: Becken, in welchem die Gerste vor dem Mälzen eingeweicht wird.

Still: Brennblase aus Kupfer, die von unten beheizt wird. Dadurch erhitzt sich im Innern die Flüssigkeit und der Alkoholdampf wird freigesetzt. Man unterscheidet die »wash still« von der »spirit still«. In der ersten Brennblase erlangt das Destillat einen Alkoholgehalt von 20 %, beim zweiten Durchlauf erhöht er sich auf 70 %.

Abfüllung und Etikettierung sind der letzte Arbeitsschritt, bevor der Whisky die Brennerei verlässt.

Still House: Destilleriehaus, in dem sich die Brennblasen befinden.

Uisge beatha: Alte gälische Bezeichnung für »Lebenswasser«, womit man den damaligen Whisky meinte. Aus »uisge« wurde das Wort »uischgi« und später dann Whisky.

Unabhängige Abfüller: So werden die Firmen genannt, die nicht selber Whisky herstellen, sondern ihn in Fässern ankaufen, abfüllen und unter ihrem Namen verkaufen. Bekannte Abfüller sind z. B.Cadenhead's, Gordon & MacPhail oder Signatory.

Ware House: Lagerhaus, in dem die Whiskyfässer ruhen und reifen. Wobei die geografische Lage und das Raumklima den Geschmack des Getränks beeinflussen.

Im »warehouse« reifen die Schätze sorgsamer Produktion heran.

Wash: Die hellbraune, süßliche und alkoholhaltige Flüssigkeit vor der Destillierung. Unter Zugabe von Hefe wird der »wash« in die »wash backs«, die großen Bottichen, geleitet, um noch mehr Alkohol und Stärke zu produzieren.

Wash Back: Bottiche, in denen der Vorgang der Gärung mittels Hefe vorgenommen wird. Sie waren früher immer aus Holz, werden aber heutzutage häufig durch Edelstahlbottiche ersetzt.

Vatted Malts: »vat« heißt Fass. Bezeichnung für eine Mischung von mehreren Malt Whiskys, die aus verschiedenen Brennereien kommen. Vor der Abfüllung lagert er noch einige Zeit in einem Fass.

Wort: Würze. Fachbezeichnung für die trübe, zuckerhaltige Flüssigkeit, die nach dem Maischen übrig bleibt.

Wissenswertes über Schottland

Die Bibliothek des Dunrobin Castle in der Nähe von Golspie bietet das perfekte Ambiente für einen guten Whisky und eine gepflegte Zigarre.

Von wichtigen Webadressen über große Whisky-Messen, vom Reisewetter bis zu den Zollbestimmungen erfährt man hier viel Nützliches und Wissenswertes für einen Schottland-Urlaub.

Jahreszahlen und Fakten im Überblick

3000 v. Chr.
Jungsteinzeit, Anfang des Ackerbaus durch Siedler, die von Irland aus zunächst die Hebriden, später Orkney und Shetland besiedeln.

1800 v. Chr.
Bronzezeit. Wegen der Keramikfunde werden Einwanderer aus dem Osten »Glockenbechermenschen« genannt.

55 v. Chr.
Die Römer fallen ein. Es gelingt ihnen nicht, Schottland zu unterwerfen, so dass Kaiser Hadrian Anfang des 2. Jh. das südliche Gebiet durch eine Mauer zwischen den Flüssen Solway und Tyne abtrennt.

500 n. Chr.
Kelten fallen von Irland her in Westschottland ein. Kämpfe der Bevölkerung mit den Eindringlingen erstrecken sich über Jahrhunderte. Vier Reiche entstehen, das der Skoten im Westen, der Pikten im Norden, der Angeln und der Briten im Süden.

563
Der heilige Columban beginnt von der Hebrideninsel Iona aus die Christianisierung des Landes. Eigentlicher Apostel der Pikten ist Columbans Nachfolger und Biograph Adomnan.

Um 800
Die Wikinger beginnen in Schottland einzufallen und zu plündern. Sie werden erst 1203 endgültig besiegt.

844
Kenneth MacAlpine einigt das schottische Königreich mit der Hauptstadt Scone.

1034–1040
Macbeth, der durch Shakespeare berühmt wurde, ermordet Duncan I. und wird sein Nachfolger.

1296–1298
Der englische König Edward I. versucht, Schottland zu unterwerfen. Der schottische Freiheitsheld William Wallace (Vorbild der Filmfigur in »Braveheart«) leitet den Widerstand.

1306–1329
König Robert The Bruce. Er besiegt in der Schlacht bei Bannockburn (Stirling) die englischen Nachbarn und erreicht damit 1320 die schottische Unabhängigkeit.

1371–1542
Regierung der Stewarts (Stuarts).

1542–1567
Maria Stuart, Mary Queen of Scots, endet auf dem Schafott.

1555
Der Reformator John Knox, ein Jünger Johann Calvins, gründet die reformierte, »presbyterianische« schottische Kirche.

1567–1625
Maria Stuarts Sohn, James VI. von Schottland, wird 1603 als James von England und Schottland gekrönt. Schottland und England haben ab diesem Jahr einen gemeinsamen Monarchen.

1625–1649
Charles I., Sohn von James I. Er verliert im Bürgerkrieg gegen die parlamentarische Armee und wird enthauptet.

1649-1660
Anhänger der Stuart-Dynastie in Schottland rufen Charles II. zum König aus. Cromwells parlamentarische Armee vertreibt ihn, Cromwell regiert England und Schottland als Lord Protector, bis Charles II. den Thron zurückerhält.

1685–1688
James II. wird abgesetzt.

1688
William III. von Oranien (Orange). Unter seiner Regentschaft findet das Massaker von Glencoe (1692) statt, mit dem die Unabhängigkeit der schottischen Clans endet.

1707
Act of Union, Vereinigung der Parlamente von Schottland und England. Endgültig wird von London aus regiert. Ab dieser Zeit versuchen viele Schotten ihr Glück südlich der Grenze und tragen als Händler, Soldaten und Kolonialverwalter zum Aufbau des britischen Weltreichs bei.

1715
Erster Jakobitenaufstand. Die schottischen Stuartanhänger geben sich nicht mit der Vertreibung James II. zufrieden. Der Aufstand misslingt.

1745–1746
Zweiter Jakobitenaufstand. Schlacht bei Culloden. Nach anfänglichen Erfolgen des Prinzen Charles Edward wird das schottische Clan-Heer vernichtend geschlagen. Fortan müssen die Schotten die englischen Herrscher akzeptieren.

Zweite Hälfte des 18. Jh.
Beginn der »land clearances« (Entvölkerung zu Gunsten der von Großgrundbesitzern betriebenen Viehzucht). Viele Kleinbauern werden gezwungen, ihre angestammte Scholle zu verlassen oder auszuwandern. Der karge Boden kann die Familien nicht mehr ernähren. Gleichzeitig blüht das geistige Leben Schottlands: In Edinburgh wirken der Philosoph David Hume und der Ökonom Adam Smith.

1822
Georg IV. macht einen Staatsbesuch in Edinburgh. Die Versöhnung der Nachbarn nimmt ihren Lauf.

1840–1901
Viktorianisches Zeitalter. Die Industrialisierung wird vorangetrieben. Großes Wachstum der Städte.

1928
Gründung der »Scottish Nationalist Party (NSP)«, die Unabhängigkeit von England anstrebt.

1964
Erdöl-/Erdgasfunde in der Nordsee. Aberdeen wird zum Zentrum der Ölförderung. Der Ölreichtum ermutigt die Schotten, dazu die Unabhängigkeit zu fordern.

1979
Autonomiebestrebungen scheitern. Bei der Volksabstimmung stimmen nur 32,9 % für die Teilautonomie.

1997
Tony Blair, der in Edinburgh geborene Vorsitzende der »Labour Party«, wird englischer Premierminister und verspricht eine erneute Abstimmung über Devolution, die Abtretung von Machtbefugnissen aus Westminster an eine schottische Regierung.

1999
75 % der schottischen Wähler stimmen für die Schaffung eines eigenen Parlaments, das über Gesundheit, Bildung, öffentliche Ordnung, Umwelt- und Sozialthemen, Wirtschaftsförderung und Landwirtschaft, Sport und die Künste bestimmt. Entscheidungen über Verteidigung, Außenpolitik und über die großen Themen der Wirtschafts- und Finanzpolitik werden weiterhin in London getroffen.

2000–2005
Schottische Autonomie bleibt populär, obwohl die Schattenseite – in Form von überhöhten Ausgaben und dem überteuerten, im September 2004 mit großer Verspätung fertig gestellten Parlamentsneubau – bemerkbar wird.

Nie wieder sprachlos

Wichtige Wörter und Ausdrücke

ja	*yes*
nein	*no*
Bitte	*My pleasure, you're welcome*
Danke	*Thank you*
Wie bitte?	*Pardon?*
Ich verstehe nicht	*I didn't understand you*
Entschuldigung	*Sorry, I beg your pardon, excuse me*
Guten Morgen	*Good morning*
Guten Tag	*How do you do*
Guten Abend	*Good evening*
Schön, Sie zu sehen	*Nice to see you*
Ich heiße ...	*My name is ...*
Ich komme aus ...	*I come from ...*
Wie geht's?	*How are you?*
Danke, gut	*Thanks, fine*
Wer, was, welcher	*Who, what, which*
Wie viel	*How many, how much*
Wo ist ...	*Where is ...*
Wann	*When*
Wie lange	*How long*
Sprechen Sie Deutsch?	*Do you speak German?*
Auf Wiedersehen	*Good bye*
Heute	*Today*
Morgen	*Tomorrow*

Zahlen

eins	*one*
zwei	*two*
drei	*three*
vier	*four*
fünf	*five*
sechs	*six*
sieben	*seven*
acht	*eight*
neun	*nine*
zehn	*ten*
fünfzig	*fifty*
einhundert	*one hundred*
eintausend	*one thousand*

Wochentage

Montag	*Monday*
Dienstag	*Tuesday*
Mittwoch	*Wednesday*
Donnerstag	*Thursday*
Freitag	*Friday*
Samstag	*Saturday*
Sonntag	*Sunday*

Mit und ohne Auto

Wie weit ist es nach ...?	*How far is it to ...?*
Wo ist ...?	*Where is ...?*
– die nächste Werkstatt	*– the next garage*
– der Bahnhof/Busbahnhof	*– the station/bus terminal*
– die nächste U-Bahn-/Bus-Station	*– the subway station/bus terminal*
– die Touristen-information	*– the tourist information*
– die nächste Telefonzelle	*– the nearest phone booth*
– die nächste Bank	*– the next bank*
– die nächste Tankstelle	*– the next gas station*
Wo finde ich einen Arzt/eine Apotheke?	*Where do I find a doctor/a pharmacy?*
Bitte volltanken	*Fill up please*
Normalbenzin	*Regular gas*
Super	*Super*
Diesel	*Gasoil*
rechts	*right*
links	*left*
geradeaus	*straight ahead*
Ich möchte ein Auto/ein Fahrrad mieten	*I would like to rent a car/bike*
Wir hatten einen Unfall	*We had an accident*
Eine Fahrkarte nach ... bitte	*A ticket to ... please*
Ich möchte ... Euro in ... wechseln	*I would like to change foreign currency*

Hotel

Ich suche ein Hotel	*I'm looking for a hotel*
– eine Pension	*a guesthouse*
Ich suche ein Zimmer für ... Personen	*I'm looking for a room for ... people*
Haben Sie noch Zimmer frei?	*Do you have any vacancies?*
– für eine Nacht	*– for one night*
– für zwei Tage	*– for two days*
– für eine Woche	*– for one week*
Ich habe ein Zimmer reserviert	*I made a reservation for a room*
Wie viel kostet das Zimmer?	*How much is the room?*
– mit Frühstück	*– including breakfast*
– mit Halbpension	*– half board*
– mit Bad/Dusche	*– with bath/shower*
Kann ich das Zimmer sehen?	*Can I have a look at the room?*
Ich nehme das Zimmer	*I'd like to have this room*
Kann ich mit Kreditkarte zahlen?	*Do you accept credit cards?*
Haben Sie noch Platz für ein Zelt/einen Wohnwagen?	*Is there any space for a tent/a campervan?*

Restaurant

Die Speisekarte bitte	*Could I see the menu please?*
Die Rechnung bitte	*Could I have the bill please?*
Ich hätte gern	*I would like to have*
– einen Kaffee	*– a cup of coffee*
– einen Tee	*– a cup of tea*
Auf Ihr Wohl	*cheers*
Wo finde ich die Toiletten (Damen/Herren)?	*Where are the washrooms (ladies/gents)?*
Kellner/in	*waiter/waitress*
Frühstück	*breakfast*
Mittagessen	*lunch*
Abendessen	*dinner*

Einkaufen

Wo gibt es ...?	*Where do I find ...?*
Werden Sie bereits bedient?	*Are you being served?*
Haben Sie ...?	*Do you have ...?*
Wie viel kostet das?	*How much is this?*
Das ist zu teuer	*That's too much*
Das gefällt mir (nicht)	*I like it/I don't like it*
Geben Sie mir bitte 100 Gramm/ein Pfund/ein Kilo	*I would like to have one hundred gramm/one pound/one kilo*
Danke, das ist alles	*Thank you, that's it*
geöffnet	*open*
geschlossen	*close*
Bäckerei	*bakery*
Kaufhaus	*warehouse*
Markt	*market*
Metzgerei	*butcher's*
Lebensmittelgeschäft	*supermarket*
Briefmarken für einen Brief/eine Postkarte nach Deutschland/Österreich/in die Schweiz	*stamps for a letter/postcard to Germany/Austria/Switzerland*

Ämter, Banken, Zoll

Haben Sie etwas zu verzollen?	*Do you have anything to declare?*
Ich möchte einen Reisescheck einlösen	*I would like to cash a travellers check*
Ich habe meinen Pass/meine Geldbörse verloren	*I have lost my passport/my wallet*
Ich suche einen Geldautomaten	*I am looking for an ATM*
Ich möchte nach Deutschland telefonieren	*I would like to place a call to Germany*

Die wichtigsten kulinarischen Begriffe

A

ale: Bier
appetizer: kleiner Bissen, oft an der Bar zu haben
apple: Apfel
arbroath smokies: geräucherter Schellfisch, wird warm gegessen

B

bacon: Schinkenspeck
beans: Bohnen
beef: Rind
beef olives: Rouladen
beet root: Rote Bete
beverages: Getränke
boiled: gekocht
bramble: Brombeere
Brussels sprouts: Rosenkohl
buns: Küchlein und Brötchen
butteries: Brötchen aus Blätterteig

C

carrots: Karotten
cauliflower: Blumenkohl
celery: Sellerie
chicken: Hühnchen
chop: Kotelett
cider: Apfelwein
clams and scallops: Muscheln
cock-a-leekie soup: Hühnersuppe mit Lauch
cod: Kabeljau
corn on the cob: Maiskolben
courgettes: Zucchini
cottage loaf: Landbrot
crab: Krebs
crayfish: Languste
cream: Sahne
crowdie: Frischkäse
cucumber: Gemüsegurke
cullen shink: Fischsuppe
cutlet: Schnitzel

D

dish of the day: Tagesgericht
draught beer: Fassbier
dry: trocken
duck: Ente
dumpling: Kloß

F

finnan haddock: leicht gesalzener Schellfisch, wird in Milch warm gegessen
flounder: Flunder
French beans: grüne Bohnen
fried potatoes: Bratkartoffeln
fruit juice: Obstsaft

G

gaelic coffee: »Irish Coffee« mit schottischem Whisky
game: Wild
garlic: Knoblauch
garnished: garniert
ginger: Ingwer
goose: Gans
grape juice: Traubensaft
gravy: Bratensauce
grouse: schottisches Moorhuhn

H

haddock: Schellfisch
haggis: Wurst aus Schafsinnereien
halibut: Heilbutt
herbs: Kräuter
horseradish: Meerrettich
hot: heiß, scharf
hotch potch: Lammsuppe mit Gemüse

I/J

ice cube: Eiswürfel
jam: Marmelade

K

kidney: Niere
kippers: geräucherte Heringe, werden warm gegessen

L

lager beer: helles Bier
lamb: Lamm
leek: Porree, Lauch
lemonade: Zitronenlimonade
lettuce: Kopfsalat
lime juice: Limonensaft
liver: Leber
loin: Lendenstück

M
malt whisky: Malzwhisky
marmalade: Marmelade aus Zitrusfrüchten
mashed potatoes: Kartoffelbrei
mead: Honigwein
minced meat: Hackfleisch
mint: Minze
mushroom: Pilz
mustard: Senf
mutton: Hammelfleisch

N
noodles: Nudeln

O
oat cakes: Haferplätzchen, würzige, pikante Plätzchen, werden mit Butter und Käse gegessen
onion: Zwiebel

P
pancake: Pfannkuchen
partridge: Rebhuhn
pea: Erbse
peach: Pfirsich
pear: Birne
pie: Pastete, gefüllt mit Gehacktem oder mit Obst
pike: Hecht
pint: 0,57 Liter
plumpudding: Süßspeise aus Mehl, Talg, Eiern, Trockenobst, Gewürzen und Cognac
pork: Schweinefleisch
poultry: Geflügel
prawn: Garnele
pudding: warme Süßspeise (z. B. Reispudding)

R
rabbit: Kaninchen
rare: kaum durchgebraten
raspberries: Himbeeren
red cabbage: Rotkohl
rib: Rippe
rice: Reis
roast: Braten
roast beef: Rinderbraten
roll: Brötchen
round (to stand a round): eine Runde ausgeben

S
salad: Salat
salmon: Lachs
sausage: Wurst
scallop: Jakobsmuschel
scone: Weizenmehlküchlein
scotch broth: Fleischsuppe mit Gemüsen und Graupen
scrambled eggs: Rührei
seafood: Meeresfrüchte
shellfish: Schalentiere
shrimps: Krabben
slice: Scheibe
smoked: geräuchert
soft biled eggs: weiche Eier
soft drinks: alkoholfreie Getränke
softies: weiche, süße Brötchen
sole: Seezunge
spinach: Spinat
steak and kidney pie: Rinds- und Nierenragout-Blätterteigpastete, wird mit Gemüse serviert
stew: Schmor-/Eintopfgericht
spirits: Spirituosen
still wine: nicht schäumender Tafelwein
stout: dunkles Starkbier

T
tart: Kuchen
toddy: Whisky mit heißem Wasser und Zucker (bei Erkältungen!)
trout: Forelle
tuna: Tunfisch
turbot: Steinbutt
turkey: Truthahn, Pute

V
veal: Kalb
vegetables: Gemüse
venison: Hirsch, Reh
vinegar: Essig

W
well done: durchgebraten
whipped cream: Schlagsahne
whisky mac: Whisky mit Ingwer
white & black pudding: sieht aus wie eine Leberwurst (aus Hafermehl, Nierenfett und Gewürzen), wird warm gegessen
white wine: Weißwein

Nützliche Adressen und Reiseservice

Auf einen Blick

Einwohnerzahl: 5 Millionen

Fläche: Ca. 62 000 qkm mit über 3000 Seen (»Lochs«) und 790 Inseln, von denen nur 130 bevölkert sind.

Religion: 85 % der Schotten gehören unterschiedlichen protestantischen Kirchen an, 15 % der römisch-katholischen Kirche.

Verwaltung: Schottland gehört mit England, Wales und Nordirland zum Vereinigten Königreich. Die Londoner Regierung delegiert zahlreiche Befugnisse an das schottische Parlament in Edinburgh.

Wirtschaft: Zu den Exportschlagern gehören PC, Mobiltelefone und Whisky. Auch der Tourismus ist eine wichtige Einkommensquelle.

Anreise

Mit dem Auto und der Fähre

Von Zeebrügge und Rotterdam aus bestehen Fährverbindungen nach Kingston upon Hull an der englischen Küste (www.poferries.com). Die Fähre benötigt ca. 14 Stunden. Von Kingston upon Hull führt der Weg in rund fünf Stunden über die M 62 und die A 1/M 1 nach Edinburgh, ab hier geht es weiter nach Inverness. Direkt nach Rosyth bei Edinburgh gibt es eine Verbindung ab Zeebrügge:

Superfast Ferries, Hermann-Lange-Straße 1, 23558 Lübeck; Tel. 04 51/ 88 00 61 66, Fax 88 00 61 29; www.superfast.com

Weitere Alternativen sind die Routen Cuxhaven–Harwich (Südostengland) und Amsterdam (Ijmuiden)–Newcastle (Nordostengland): www.dfdsseaways.co.uk.

Wer weniger Zeit auf der Fähre verbringen will, ist mit den Booten von Calais, Dünkirchen oder Boulogne nach Dover bzw. Folkstone in Südengland besser bedient. Dafür verdreifacht sich aber die Fahrzeit mit dem Auto.

Mit der Bahn

Es gibt Direktverbindungen von London nach Aberdeen, Edinburgh, Glasgow, Stirling/Perth und Inverness. Mit dem Intercity dauert die Fahrt von London nach Edinburgh knapp fünf Stunden. Wer weiter nach Fort William und Oban fahren möchte, muss in Glasgow umsteigen und von der Central Station zur Queen Street Station hinüberwechseln.

Nachts gibt es einen Schlafwagenzug von London-Euston direkt bis Fort William. Von dort aus führt eine der schönsten Zugstrecken im Lande, die »West Highland Line«, nach Mallaig und von Inverness aus nach Kyle of Lochalsh.

Mit dem Bus

Täglich fahren Busse der **Deutschen Touring-Gesellschaft** von deutschen Städten nach London (Victoria Station). Von London aus gibt es Fernverbindungen in alle großen Städte Schottlands.

Deutsche Touring-Gesellschaft
Am Römerhof 17, 60486 Frankfurt/Main; Tel. 0 69/79 03 50, Fax 7 90 32 19; www.deutsche-touring.com

Mit dem Flugzeug

Die Städte Edinburgh, Glasgow, Aberdeen und Inverness erreicht man von allen wichtigen Flughäfen Deutschlands, Österreichs und der Schweiz aus, teilweise direkt. Auch Anbieter von Billigflügen verbinden Flughäfen im deutschsprachigen Raum mit Glasgow und Edinburgh.

Es gibt täglich Flüge auf die Shetland- und Orkney-Inseln sowie auf die Hebriden, allerdings nicht immer am Wochenende. **British Airways Express** fliegt nach Shetland/Orkney sowie auf die Hebriden.

Auskunft

In der Bundesrepublik Deutschland:
VisitBritain
Hackescher Markt 1, 10178 Berlin
Tel. 0 18 01/46 86 42 (Mo–Do 10–17, Fr 10–13 Uhr zum Ortstarif), Fax 0 30/ 31 57 19 10; www.visitbritain.com

In Schottland:
Scottish Booking & Info Centre, PO Box 121, Livingston;
Tel. 0 15 06/83 21 21, Fax 83 22 22; www.visitscotland.com (Seiten auch auf Deutsch), für das Hochland www.visithighlands.com

Fährverbindungen zu den Hebriden
Caledonian MacBrayne (CalMac)
Head Office, Gourock; Tel. 0 87 05/ 65 00 00, Fax 0 14 75/63 52 35; www.calmac.co.uk

Zu den Orkney- und Shetland-Inseln
NorthLink Orkney & Shetland Ferries Ltd
Kiln Corner, Ayre Road, Kirkwall, Orkney; Tel. 0 18 56/88 55 00, Fax 87 95 88; www.northlinkferries.co.uk

Behinderte

Hoteleigene Angaben darüber, ob ein Haus behindertengerecht ist, sind oft ungenau. Es wird empfohlen, sich telefonisch zu erkundigen, ob Zimmer und andere Einrichtungen des Hotels für allein reisende Rollstuhlfahrer, für Rollstuhlfahrer mit Begleitung oder für Gehbehinderte geeignet sind und bei der Buchung die eigenen Bedürfnisse deutlich zu machen. Bei der Suche nach Unterkunft helfen die **Organisation RADAR** (12 City Forum, 250 City Road, London; Tel. 0 20/ 72 50 32 22, Fax 72 50 02 12) sowie die englischsprachigen Websites www.radarsearch.org und www.allgohere.com.

Buchtipps

Malt Whisky von Michael Jackson (Collection Rolf Heyne, 2004). Das Standardwerk für Whiskyfreunde stellt auf rund 450 Seiten etwa 1000 Whiskys und die zugehörigen Destillerien vor.

Das Whiskylexikon von Walter Schobert (Fischer, 2003). Ein interessantes und fundiertes Nachschlagewerk rund um den Whisky.

Gebrauchsanweisung für Schottland, Heinz Ohff (Piper, Oktober 2002). Eine nützliche und angenehm lesbare Einführung in die Eigenschaften der Schotten.

Wichtige Whiskymessen im deutschen Sprachraum

Limburg Whisky Festival: zweite Aprilhälfte, www.whiskyfair.de

Cöpenicker Whiskyherbst Berlin: Anfang September, www.whiskyherbst.de

Whisky Convention Bremen: Anfang November, www.whisky-convention.de

Interwhisky Frankfurt: zweite Novemberhälfte: www interwhisky.de

Whiskyship Zürich: Ende November: www.whiskyship.ch

Münchner Whisky Festival: fand erstmals Anfang Februar 2005 statt www.whisky-festival.de

Camping

Ein Wohnmobil kann vor Ort gemietet werden, z. B. bei **Cabervans**, Cloch Road, Gourock; Tel. 03 45/6 44 47 75; www.cabervans.com. Das Mitbringen des eigenen Caravans per Schiff ist recht teuer. Rund 150 Caravan & Camping Parks werden auf einer Karte des Scottish Tourist Board aufgelistet.

Wildes Campen ist zwar erlaubt, trotzdem sollte man sich eine Erlaubnis beim nächsten Bauern einholen. Häufig kann man auf einem Bauernhof auch Lebensmittel einkaufen.

Diplomatische Vertretungen

Consulate General of the Federal Republic of Germany → a 2
16 Eglinton Crescent, Edinburgh; Tel. 01 31/3 37 23 23/4; Mo–Fr 9–12 Uhr, an Wochenenden telefonischer Bereitschaftsdienst für Notfälle

Austrian Consulate
9 Howard Place, Edinburgh; Tel. 01 31/ 5 58 19 55

Swiss Consulate
Die nächste Vertretung befindet sich in Manchester, Nordengland.
Tel. 01 61/2 36 29 33

Feiertage

Schottland hat wenige gesetzliche Feiertage, in der Praxis gelten jedoch auch die englischen »Bank Holidays«. Feiertage sind: 1. Januar, Karfreitag und Ostermontag, erster und letzter Montag im Mai, letzter Montag im August, 25. und 26. Dezember. Hinzu kommt vielerorts einmal jährlich ein lokaler Feiertag, meist ein Montag im Sommerhalbjahr.

Elektrizität

Die Stromspannung liegt bei 240 Volt/ 50 Hz. Benötigt wird ein Adapter, da die britischen Stecker dreipolig sind.

Fundbüro

Fundbüro heißt »Lost Property Office«. Bei einem Verlust sollte man sich an das nächste **Polizeirevier** wenden. Wurde etwas im Bus, Flugzeug, Eisenbahn, Schiff oder Taxi verloren, ist es ratsam, sich direkt bei der zuständigen Gesellschaft zu erkundigen.

Geld

Die wichtigsten **Banken** sind die Royal Bank of Scotland, die Bank of Scotland (bietet stets den besten Umrechnungskurs!) und die Clydesdale Bank. Im November 2004 lag der Kurs für das Schottische Pfund bei 1,45 € für 1 £. Wer schottische **Banknoten** am Urlaubsende übrig hat, sollte sie in englische umwechseln.

Banknoten zu 1 £ (nur in Schottland!), 5, 10, 20, 50 und 100 £ sowie Münzen zu 1, 2, 5, 10, 20, 50 Pence, 1 und 2 £ sind in Umlauf.

Nebenkosten (umgerechnet in €)

1 Tasse Kaffee	2,00
1 Bier (kleines Helles)	3,50
1 Cola	2,20
Fish and Chips	ab 5,00
1 Schachtel Zigaretten	6,00
1 Liter Benzin	1,20
Fahrt mit öffentl. Verkehrsmitteln (Einzelfahrt)	1,30
Mietwagen/Woche	ab 60,00

Wechselkurse

GB Pfund	EU Euro	CH Franken
0,5	0,73	1,14
1	1,45	2,28
2	2,90	4,56
5	7,25	11,40
10	14,50	22,80
20	29,00	45,60
30	43,50	68,40
50	72,50	114,00
100	145,00	228,00
250	362,50	570,00
500	725,00	1140,00
750	1087,50	1710,00
1000	1450,00	2280,00

Stand: Januar 2005

Gebräuchliche **Kreditkarten** sind American Express, Diners Club, Mastercard und Visa. Die bei den europäischen Festländern beliebten Eurocards sind weniger gebräuchlich, sind aber bei Banken, an Geldautomaten und in Läden benutzbar, jedoch meist mit höheren Gebühren. Bed-&-Breakfast-Wirte, Besitzer kleinerer Hotels und Garagen nehmen des Öfteren keine Kreditkarten an.

Die Banken sind meistens von 9.30–16.45, Do bis 17.30 Uhr geöffnet. Manche größere Filialen öffnen auch am Samstagmorgen.

Internet

www.visitscotland.com ist die offizielle Website des **Scottish Tourist Board** mit umfassender und gut aufbereiteter Information und vielen Links, auch mit Seiten auf Deutsch.

Unter **www.visithighlands.com** präsentiert sich die Website der Highlands. Hier finden sich Sehenswürdigkeiten, Unterkünfte, Wandertipps und vielfältige Informationen von Ahnenforschung bis hin zu romantischen Hochzeiten.

www.visitorkney.com und **www.visitshetland.com** sind sehr gute Websites mit vielen nützlichen Links zu den Orkney- und Shetland-Inseln.

www.tartans.com ist die Seite für echte Schottland-Fans; sie bietet Infos über Clans, Geschichte, berühmte Schotten, Burgen usw.

Internetcafés sind zwar in schottischen Städten weit verbreitet, in den Highlands und auf den Inseln aber oft nicht vorhanden.
www.cafeindex.co.uk

Masse und Gewichte

Offiziell gilt in Großbritannien das **metrische System**. In der Praxis sieht es oft anders aus, vor allem für Biertrinker (1 Pint = 0,57 l) und Autofahrer (1 Mile = 1,6 km).
1 inch = 2,54 cm; 1 foot = 30,5 cm; 1 yard = 91,4 cm; 1 ounce = 28 g; 1 pound = 453 g

Websites für Whiskyfreunde

www.whisky.de (mit größtem deutschsprachigem Whiskyforum)

www.whiskyportal.com

www.whisky-datenbank.de

www.whiskyregensburg.de

www.whiskyfanpage.de

www.whiskynet.de

www.whiskymuseum.de

www.whiskymuseum.at

www.world-of-whisky.ch

Medizinische Versorgung

Im Rahmen des **National Health Service** werden Urlaubsgäste aus der EU kostenlos behandelt. Für alle Fälle sollte das Anspruchsformular E III von daheim mitgebracht werden. Dies gilt ebenso für einen Krankenhausaufenthalt. Adressen von Hausärzten (»General Practitioners«) sind bei den »Tourist Informations« sowie in Hotels erhältlich. Schweizern wird der Abschluss einer Urlaubskrankenversicherung empfohlen.

Notruf

In ganz Großbritannien gilt die kostenlose Notrufnummer 999.

Post

Briefe bis 20 g und Ansichtskarten kosten nach Deutschland, Österreich und in die Schweiz 38 Pence, Inlandsbriefe und -postkarten 21 Pence (»2nd class«, d.h. langsamere Beförderung) bzw. 27 Pence (»1st class«). **Postämter** haben normalerweise Mo–Fr 9–17.30 und Sa 9–12.30 Uhr geöffnet.

Reisedokumente

Besucher aus EU-Staaten können mit Personalausweis oder Reisepass einreisen. **Senioren** sollten ihren Ausweis dabei haben, da sie bei Besichtigungen oft nur die Hälfte des Eintrittspreises bezahlen.

Reiseknigge

Autofahrer sollten die Hektik des deutschen Großstadt- und Autobahnverkehrs zu Hause lassen. Zum Beispiel: »Single track road with passing places« bedeutet eine einspurige Landstraße mit Ausbuchtungen, um **Gegenverkehr** auszuweichen. Hier muss man selbstverständlich rücksichtsvoll und mit Geduld fahren.

In Gegenden mit einer strengen calvinistischen Kirchentradition sollte man die **Sonntagsruhe** der Einwohner respektieren und akzeptieren, dass es sonntags kaum Dienstleistungen gibt. Pubs und viele Restaurants bleiben geschlossen, öffentliche Verkehrsmittel fahren nicht. Dies gilt vor allem für die nördlichen Äußeren Hebriden Lewis, Harris und North Uist.

Reisewetter

Die idealen Reisemonate für Schottland sind Mai und Juni. Dann sind die Tage lang und es gibt noch keine Mücken. Besonders schön ist es wieder Ende August, wenn das Auge meilenweit nur blühende Heide sieht. Im September wird es dann schnell herbstlich. Zu jeder Jahreszeit kann das Wetter sehr wechselhaft sein: Man sagt »All four seasons in one day«. Deshalb gehört Kleidung für Regen und Kälte, aber auch für unverhofft warme Sonnentage immer ins Reisegepäck.

Sprache

Landessprache ist Englisch. In allen Landesteilen wird das Englisch allerdings mit einem zumindest gewöhnungsbedürftigen, kehligen Akzent gesprochen. Knapp 70 000 Hochländer sollen noch **Gälisch**, das alte keltische Idiom, beherrschen, vermutlich sind es weitaus weniger. Auf den Orkney- und Shetland-Inseln, die bis zum späten 15. Jh. zu Skandinavien gehörten, haben sich manche Worte des mittelalterlichen Dänisch erhalten. »Scots«, die nördliche Variante des Angelsächsischen, wird seit 1998 als eigene Sprache anerkannt und gilt nicht mehr nur als englischer Dialekt. »Scots« begegnet man heute hauptsächlich als literarische Sprache, etwa in den Werken des Nationaldichters Robert Burns.

Telefon

Vorwahlen

D, A, CH → Schottland 00 44
Schottland → D 00 49
Schottland → A 00 43
Schottland → CH 00 41

Bei der **Ortsvorwahl** darf vom Ausland dann die 0 nicht mitgewählt werden. Die Telefongebühren für den Anschluss im Hotelzimmer kann man oft sparen (50 % Aufschlag), da fast alle Hotels und auch Gasthäuser über öffentliche Fernsprecher verfügen. **Telefonkarten** (»phone cards«) gibt es auf den Postämtern. **Mobiltelefon:** Das Netz der international führenden Anbieter ist in Schottland gut ausgebaut.

Telefonauskunft

Regional 11 85 00
International 11 85 05
(jeweils 20 Pence/Min.)

Tiere

Wie überall in Großbritannien darf man Hunde und Katzen wegen Schutzmaßnahmen vor Tollwut nicht nach Schottland mitnehmen, es sei denn, man lässt ein Zertifikat des Tierarztes ausstellen und dem Tier einen Chip einpflanzen.

Auskunft:

DEFRA

1a Page Street, London; Tel. 08 70/ 2 41 17 10; www.defra.gov.uk/animalh/ quarantine/pets/index.shtml

Trinkgeld

Meist ist in den Rechnungen im Hotel und Restaurant bereits der »Service charge« enthalten. Taxifahrer erwarten 10 bis 15 % Trinkgeld, Friseure 10 %, der Hotelboy hofft auf 1 £. Im Pub wird kein Trinkgeld gegeben.

Verkehrsverbindungen

Verhalten im Straßenverkehr

Es wird links gefahren, rechts überholt; rechts vor links gilt im **Kreisverkehr.** Am einfachsten ist das Fahren auf **Autobahnen** und Hauptverkehrsstraßen, weil man sich da immer an anderen Autos orientieren kann. Auf einsamen **Landstraßen** ist schon mehr Konzentration erforderlich, um nicht aus reiner Gewohnheit auf die rechte Seite zu wechseln.

Die **Höchstgeschwindigkeit** beträgt auf den »Motorways« und anderen vierspurigen Straßen 70 Meilen (112 km/h), auf Fernverkehrsstraßen (A vor der Nummer) und Landstraßen (B vor der Nummer) 60 Meilen (97 km/h), in Ortschaften 30 Meilen (48 km/h). Auch der Kreisverkehr (»roundabout«) ist gewöhnungsbedürftig, erweist sich aber rasch als praktische Lösung.

Anhalten und **Vorfahrt** an »Give-Way«-Schildern und an doppelt gestrichelten weißen Linien beachten. In ganz Großbritannien besteht Anschnallpflicht. In abgelegenen Gegenden liegen die **Tankstellen** nicht nur weit auseinander – Vorsicht! Nicht erst dann tanken, wenn der Zeiger in den roten Bereich kommt –, sondern sind an Wochenenden häufig geschlossen. Man sollte die Fahrtdauer den Straßenverhältnissen entsprechend planen – andernfalls verdirbt man sich die Freude am gemächlichen Tempo des ruhigen Landlebens. Sehr zu empfehlen ist vor Ort die Anschaffung eines großformatigen britischen »Road Atlas«, der jede letzte einspurige Landstraße zeigt. Sie kosten wenig und sind auf vielen Fähren und in allen Buchhandlungen erhältlich.

Mietwagen

Wer für seinen Schottlandurlaub ein Auto mieten will, sollte bereits im heimischen Reisebüro eines reservieren.

Öffentliche Verkehrsmittel

Bei Bahnreisen lohnt es sich, nach Preisermäßigungen zu fragen. Dauerangebote sind die »Freedom-of Scotland«-Karte, die für das gesamte Eisenbahnnetz und etliche Bus- und Fährlinien gilt (4 Tage innerhalb von

Entfernungen (in km) zwischen wichtigen Orten

	Aberdeen	Dundee	Edinburgh	Fort William	Glasgow	Inverness	Kyle of Lochalsh	Mallaig	Oban	Ullapool
Aberdeen	–	112	201	265	233	169	301	302	288	241
Dundee	112	–	93	193	131	210	283	258	189	302
Edinburgh	201	93	–	235	68	254	330	288	200	327
Fort William	265	193	235	–	167	106	122	70	78	145
Glasgow	233	131	68	167	–	267	290	240	150	312
Inverness	169	210	254	106	267	–	131	170	186	72
Kyle of Lochalsh	301	283	330	122	290	131	–	54	200	141
Mallaig	302	258	288	70	240	170	54	–	144	266
Oban	288	189	200	78	150	186	200	144	–	266
Ullapool	241	302	327	145	312	72	141	266	266	–

8 Tagen 69 £; 8 Tage innerhalb von 15 Tagen 99 £; 12 Tage innerhalb von 15 Tagen 119 £). Man kommt etwa in England, an, löst eine Fahrkarte bis Berwick-upon-Tweed, Grenzort, und kann seine Pauschalkarte benutzen. Bahnkarten sind auch vor der Reise an diesen Stellen erhältlich:

Britain Direct GmbH,
Ruhbergstr. 8, 69242 Mühlhausen; Tel. 0 62 22/67 80 50, Fax 0 62 22/ 6 78 05 19; www.britaindirect.com
Britain Visitor Centre;
Hackescher Markt 1, 10178 Berlin
Fahrplanauskunft: www.scotrail.co.uk

Informationen über öffentliche Verkehrsmittel in ganz Großbritannien findet man bei Traveline, Tel. 08 70/ 6 08 26 08, und www.traveline.org.uk.

Mit dem Bus

Für Reisen von England nach Schottland gelten Preisnachlässe beim Kauf eines Buspasses über Britain Direct. Leider gelten diese Ermäßigungen nicht für Reisen innerhalb von Schottland. Dort gibt es aber ein gut ausgebautes Netz von Buslinien mit Preisen, die meist die Bahnfahrkarten unterbieten.

Vor allem die schnellen, mehrmals täglichen Verbindungen mit der Firma Megabus zwischen Edinburgh, Glasgow, Aberdeen, Inverness, Dundee und Perth sind sehr preiswert. Informationen gibt es unter www.mega bus.com.

Der größte Anbieter heißt Scottish Citylink Coaches. Tel. 0 87 05/ 50 50 50; www.scottishcitylink.com. Weitere überregionale Verbindungen findet man bei Stagecoach Buses. Tel. 08 70/6 08 26 08 oder unter www.stagecoachbus.com

Fahrpläne und zusätzliche Informationen:
Scottish Citylink Coaches Ltd.
Buchanan Bus Station, Killermont Street, Glasgow; Tel. 00 44/87 05-50 50 50; www.citylink.co.uk

Die **Postbusse** der »Royal Mail« nehmen auf vielen ländlichen Strecken Fahrgäste bei der Postzustellung mit (www.postbus.royalmail.com). Bei www.macbackpackers.com (auch deutschsprachig) finden Reisende mit kleinem Portemonnaie ein innovatives Angebot. Mit einem internationalen Studentenausweis und einem Lichtbild kann man sich bei den Busbahnhöfen der Städte eine »Student Coach Card« kaufen, die für ganz Großbritannien gilt.

Fahrradverleihe finden sich in jeder größeren Stadt, Mountainbikes gibt es an vielen Urlaubsorten. Die Wochenmieten bewegen sich zwischen 35 und 60 £.

Taxistände gibt es in den Stadtzentren und an Bahnhöfen. In Großstädten können auch auf der Straße Taxis angehalten werden, deren gelbes »For-Hire«-Signal erleuchtet ist.

Zeit

Mitteleuropäische Zeit minus 1 Std. gilt in ganz Großbritannien.

Zeitungen

Lieber als die schottischen Ausgaben der Londoner Zeitungen lesen viele Schotten ihre eigenen Blätter, vor allem »The Scotsman« aus Edinburgh und »The Glasgow Herald«.

Zoll

Zollkontrollen an den Binnengrenzen der Europäischen Union entfallen (nicht jedoch etwaige Sicherheitskontrollen). Mengenmäßige **Ein- und Ausfuhrbeschränkungen** für Tabak, Alkohol gibt es innerhalb der EU nicht mehr. Die mitgeführten Waren müssen aber ausschließlich für den Privatgebrauch bestimmt sein.

Schweizer können nach wie vor »Duty-free« einkaufen. Es gelten folgende Mengenbeschränkungen: 200 Zigaretten oder 100 Zigarillos oder 50 Zigarren oder 250 g Tabak, 1 l Spirituosen oder 2 l Likör und 2 l Wein, 50 g Parfüm oder 0,25 l Eau de Toilette.

Kartenatlas

Orientierung leicht gemacht: mit Planquadraten und allen Orten und Sehenswürdigkeiten.

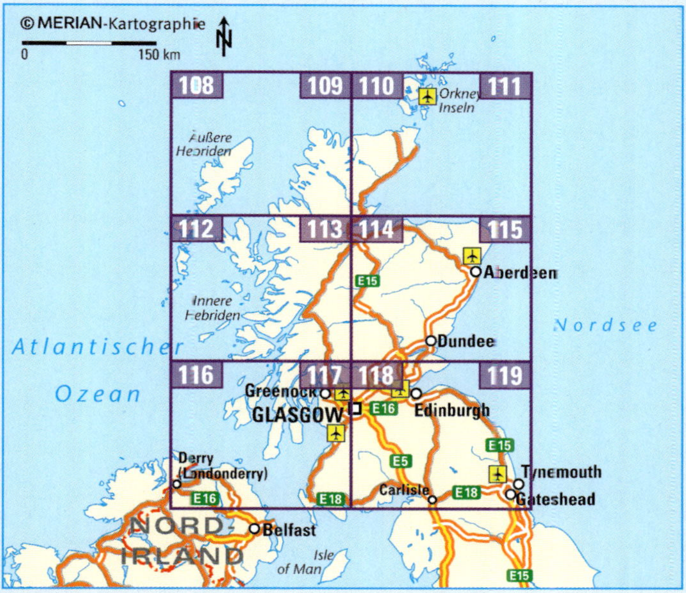

Legende

Whisky-Routen

- Route 1 (S. 20)
- Route 2 (S. 26)
- Route 3 (S. 30)
- Route 4 (S. 42)
- Route 5 (S. 54)
- Route 6 (S. 60)
- Route 7 (S. 66)
- Route 8 (S. 74)
- Route 9 (S. 80)

Sehenswürdigkeiten

- MERIAN-TopTen; -Tipp
- Sehenswürdigkeit, öffentl. Gebäude
- Sehenswürdigkeit Kultur
- Sehenswürdigkeit Natur
- Kirche; Kloster
- Schloss, Burg; Ruine

Sehenswürdigkeiten ff.

- Moschee; Synagoge
- Museum; Denkmal
- Leuchtturm
- Windmühle
- Destillerie

Verkehr

- Autobahn
- Autobahnähnliche Straße
- Fernverkehrsstraße
- Hauptstraße
- Nebenstraße
- Fußgängerzone
- Parkmöglichkeit
- Busbahnhof; Bushaltestelle

Verkehr ff.

- U-Bahn
- Bahnhof
- Schiffsanleger
- Flughafen; Flugplatz

Sonstiges

- Information
- Theater
- Markt
- Zoo
- Botschaft, Konsulat
- Aussichtspunkt
- Friedhof
- National-, Naturparkgrenze

A
B
C
1
2
3
4
Atlantischer
Äußere Hebriden
Lewis Black House
Ba
Dun Carloway Broch
Carloway
Callanish Standing Stones
Storno
Timsgarry
Garynahine
Brenish
Isle of Lewis
Loch Langavat
Scarp
Hushinish
Ardvourlie Castle
West Loch Tarbert
Taransay
Tarbert
Shiant Islands
Toe Head
Harris
Pabbay
Leverburgh
Berneray
Sound of Harris
Rodel
Renish Point
Western Isles
Newton-ferry
Tigharry
North Uist
Lochmaddy
Skye Museum of Island Lif
Grab von Flora MacDonald
Waternish Point
Loch Snizort
Sound of Monach
Monach Islands
Carinish
Balivanich
Dunvegan Head
Benbecula
Creagorry
Dunvegan Castle
Dunvegan
Isle
A
B
C

112

D
E
F
1
2
3
4
Ozean
The Minch
Cape Wrath
Kinlochbervie
Rhiconich
Handa
Laxford Bridge
Scourie
110
Eddrachillis Bay
Kylestrome
Drumbeg
Ardvreck Castle
Lochinver
Loch Assynt
Inchnadamph
Ben More Assynt 998
Rubha Còigeach
Achiltibuie
Ledmore
Strathcanard
Lubcroy
Loch Broom
Gruinard Bay
Ullapool
Laide
Ardcharnich
Dundonnell
Beinn Dearg 1084
Inverewe Gdns.
Fionn Loch
Gairloch
Loch Maree
Lochdrum
Sgurr Mór 1109
A835
12
19
Loch Fannich
Loch Torridon
Rona
Kinlochewe
Torridon
Achnasheen
Shieldaig
113
0
15 km
N
© MERIAN-Kartographie
Dalmore Dist.
Contin
Glen Ord
Loch Glass
Loch Eriboll
Durness
Oykel
Altass
Port of Ness
Church of St. Moulag
The Trushel Stone Circle
New Tolsta
Tolsta Head
Broad Bay
Tiumpain Head
Port Mholair
Eye Peninsula
St. Columba's
Quiraing
Kilt Rock Waterfall
Sound of Raasay

A
B
C
5
6
7
8
Atlantischer
Ozean
Lerwick
Brough Head
Twatt
Skara Brae
Mainland
Ring of Brodgar
Stromness
Old Man of Hoy
479
Rora Head
Lyness
Hoy
Pentla
Dunnet Head
Castle of Me
Loch Eriboll
Whiten Head
Durness
Kyle of Tongue
Strathy Point
Scrabster
Thurso
Dunnet
Castletown
Melvich
Bettyhill
Tongue
Cold-backie
Ben Hope 927
Ben Loyal 765
Loch Hope
Lettermore
Roadside
A9
Dalhavaig
Reiss
109
Dun Dornaigil Broch
Syre
Loch Loyal
Mybster
24
Wick
Grummore Broch
Ben Griam Mór 590
Forsinard
Loch More
A836
Altnaharra
L. Naver
Lybster
17
Latheron
Kinbrace
Overscaig
20
Berriedale
Kildonan Lodge
A9
Rhian
Loch Shin
Highlands
Helmsdale
Kintradwell Broch
Lairg
21
Clynelish Dist.
Invercassley
Dunrobin Castle
Brora
Altass
Golspie
A15
Bonar Bridge
Dornoch
14
Dornoch Firth
Tarbat Ness
Tain
Glenmorangie Dist.
Loch Moire
16
Moray Firth
Loch Glass
Alness
A9
Invergordon
Cromarty
Lossiemouth
Dalmore Dist.
Dingwall
Black Isle
Glen Moray Dist.
Benromach Dist.
114
Fortrose
Contin
A835
Nairn
10
Forres
Elgin Cathedral
Linkwood Dist.
A96
Glen Ord
Longmorn
13
8

D
E
F
5
6
7
8
Wasbister
Eday
Gurness Broch
Backaland
Stronsay Firth
Stronsay
Aith
Balfour
Shapinsay
Maes Howe
Finstown
Kirkwall
Highland Park Dist.
Stenness
Scapa Dist.
Skaill
Orkney-Inseln
Scapa Flow
Tomb of the Eagles
Burwick
Duncansby Head
John o'Groats
Aberdeen
Bucholie Castle
Castle Girnigoe a Sindair
Noss Head
Old Pulteney Dist.
418
Foula
Papa Stour
Dale
A971
Walls
Bixter
Esha Ness
Stenness
Hillswick
Ronas Hill
449
Isbister
Yell Sound
Saint Magnus Bay
A970
Sullom Voe
A968
Brae
Muckle Roe
Hillside
Laxo
Brettabister
Mainland
Lerwick
Bressay
Isle of Noss
Castle
Scalloway
Clickhimin Broch
Muckle Flugga
Lamba Ness
Herma Ness
Norwick
Baltasound
Unst
Belmont
Muness Castle
Sellafirth
Gutcher
Fetlar
Brough Lodge
Funzie
Yell
Ulsta
Old Haa Museum
Hamnavoe
Whalsay
Symbister
Shetland-Inseln
Royal Field
293
Sandwick
Mousa Broch
Mousa
St. Ninian's Isle
Nordsee
Atlantischer Ozean
Croft House Museum
Braer wreck
Jarlshof
Sumburgh Head
Kirkwall
Bergen
Stromness
Aberdeen
217
Fair Isle
Cullen
Banff
Duff House
115
Kinnairds Head
Fraserburgh
0
15 km
N
© MERIAN-Kartographie

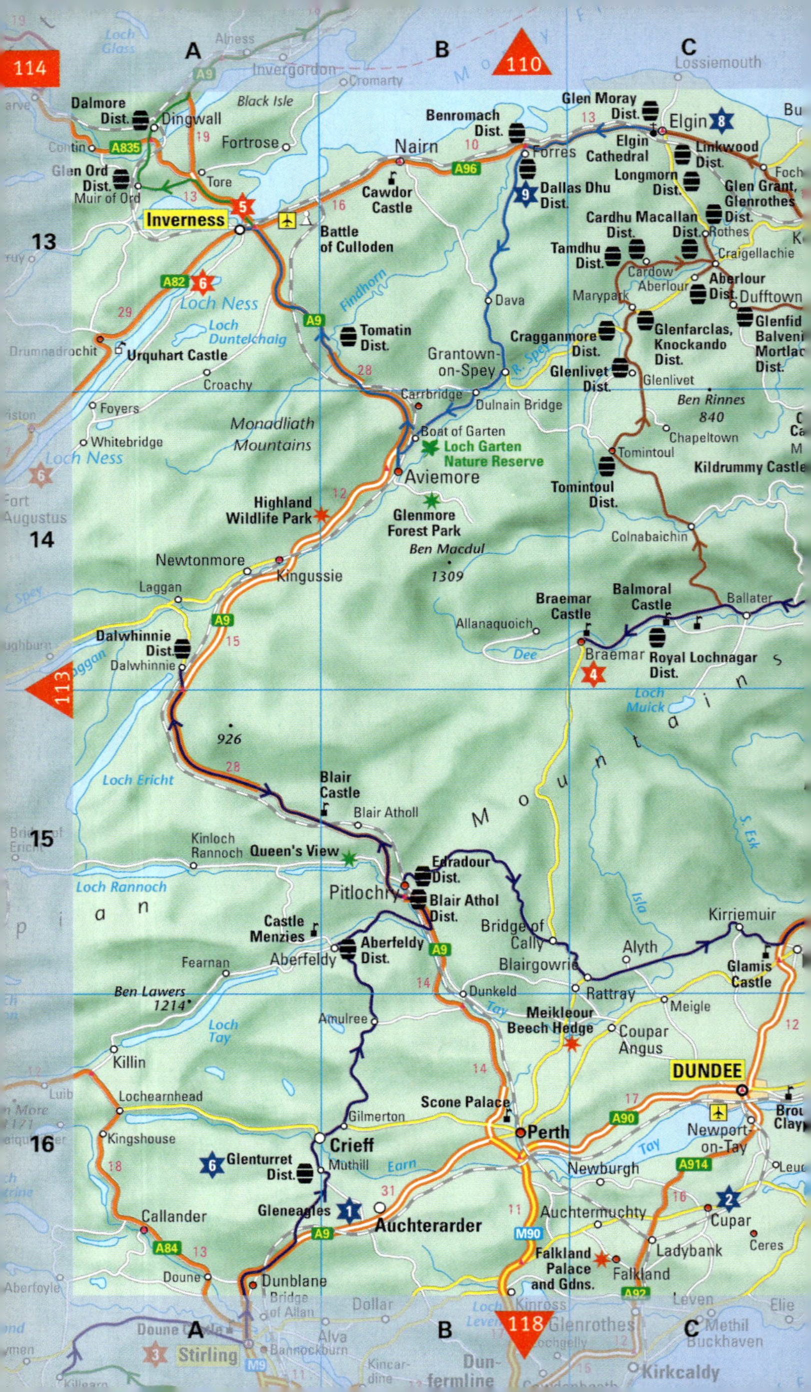

114
110
113
118
A
B
C
13
14
15
16
Loch Glass
Alness
Invergordon
Cromarty
Lossiemouth
Dalmore Dist.
Dingwall
Black Isle
Fortrose
Contin
A835
A9
Glen Ord Dist.
Muir of Ord
Tore
Inverness
Nairn
A96
Cawdor Castle
Battle of Culloden
Benromach Dist.
Forres
Glen Moray Dist.
Elgin
Elgin Cathedral
Linkwood Dist.
Longmorn Dist.
Glen Grant, Glenrothes Dist.
Rothes
Dallas Dhu Dist.
Cardhu Macallan Dist.
Craigellachie
Tamdhu Dist.
Cardow
Aberlour
Aberlour Dist.
Dufftown
Glenfiddich
Balvenie
Mortlach Dist.
Marypark
Dava
Findhorn
A82
Loch Ness
Loch Duntelchaig
Drumnadrochit
Urquhart Castle
Tomatin Dist.
Grantown-on-Spey
R. Spey
Cragganmore Dist.
Glenfarclas, Knockando Dist.
Glenlivet Dist.
Glenlivet
Croachy
Carrbridge
Dulnain Bridge
Foyers
Whitebridge
Monadliath Mountains
Boat of Garten
Loch Garten Nature Reserve
Ben Rinnes 840
Chapeltown
Tomintoul
Kildrummy Castle
Tomintoul Dist.
Aviemore
Glenmore Forest Park
Highland Wildlife Park
Fort Augustus
Ben Macdui 1309
Colnabaichin
Newtonmore
Kingussie
Laggan
Spey
Balmoral Castle
Ballater
Braemar Castle
Allanaquoich
Dee
Braemar
Royal Lochnagar Dist.
Dalwhinnie Dist.
Dalwhinnie
Loch Muick
926
Loch Ericht
Blair Castle
Blair Atholl
Mountains
Kinloch Rannoch
Queen's View
Edradour Dist.
Loch Rannoch
Pitlochry
Blair Athol Dist.
S. Esk
Isla
Kirriemuir
Castle Menzies
Aberfeldy Dist.
Aberfeldy
Bridge of Cally
Alyth
Fearnan
Blairgowrie
Glamis Castle
Ben Lawers 1214
Dunkeld
Rattray
Tay
Meigle
Loch Tay
Amulree
Meikleour Beech Hedge
Coupar Angus
Killin
DUNDEE
Lochearnhead
Scone Palace
A90
Gilmerton
Perth
Newport-on-Tay
Kingshouse
Crieff
Glenturret Dist.
Muthill
Earn
Newburgh
A914
Callander
Gleneagles
Auchterarder
Auchtermuchty
Cupar
Ceres
A84
M90
Falkland Palace and Gdns.
Falkland
Ladybank
Doune
Dunblane
Bridge of Allan
Dollar
Kinross
A92
Leven
Elie
Stirling
Bannockburn
Alva
Glenrothes
Methil
Buckhaven
M9
Dunfermline
Kirkcaldy
Aberfoyle

D
111
E
F
13
14
15
16
Cullen
Banff
Macduff
Duff House
Kinnairds Head
Fraserburgh
Strathisla Dist.
Delgatie Castle
Strichen
Rattray Head
Deveron
Turriff
Huntly Castle
Bogniebrae
New Deer
Mintlaw
Peterhead
Huntly
Glendronach Dist.
Fyvie Castle
Buchan Ness
A96
A90
Fyvie
Haddo House
Slains Castle
Cruden Bay
Ellon
Rhynie
Oldmeldrum
Pitmedden
Newburgh
Inverurie
Don
Alford
Kintore
Dyce
Castle Fraser
Craigievar Castle
ABERDEEN
A93
Crathes Castle
Aboyne
Dee
Banchory
Crathes
Muchalls Castle
Whitestone
Kirkton of Durris
Bridge of Dye
Stonehaven
N. Esk
Dunnottar Castle
Old Fettercairn Dist.
of Wirren
678
Fettercairn
Inverbervie
Laurencekirk
North Port Dist.
Marikirk
Brechin
Glencadam Dist.
Aberlemno
Montrose
Arbroath
Carnoustie
Monifieth
Buddon Ness
Nordsee
St. Andrews
Fife Ness
Crail
Anstruther
Pittenweem
D
119
E
0
15 km
N
© MERIAN-Kartographie

A
B
112
C
Colonsay
Scalasaig
17
18
19
20
Rubha a'Mhail
Bunnahabhain Dist.
Caol Ila Dist.
Beinn an O
785
Feolin Ferry
Craig
Isle Dist
Sanaigmore
Standing Stones
Finlaggan Castle
Port Askaig
Bruichladdich Dist.
Bridgend
Bowmore Dist.
Islay
Port Charlotte
Portnahaven
Ardberg Dist.
Proaig
Kildalton Cr
Laphroaig Dist.
Port Ellen
Ardbeg
Dunyvaig Castle
Lagavulin Dist.
Inishtrahull
Machr
Mull of Kintyre
Rathlin Island
Culdaff
Carndonagh
Inishowen Head
Antrim Coast
Moville
Quigley's Point
Port-stewart
Portrush
Bushmills
Ballycastle
Castlerock
Coleraine
Lough Foyle
Cushendun
Red Bay
13
A37
17
A2
Eglinton
Limavady
Bally-money
A26
Bann
Cushendun
Glenariff or Waterfoot
Clogh Mills
Garvagh
Dungiven
19
Claudy
Kilrea
12
Carnlough
Antrim Coast
Glenarm
A6
Port-glenone
M2
NORD-
Maghera
Bally-mena
Broughshane
Tobermore
Castle-dawson
A26
Larne
6
9
Randals-town
22
A8
Magherafelt
Ballyclare
Carrick-fergus
14
M22
Moneymore
Antrim
20
M2
Cookstown
IRLAND
Lough Neagh
Crumlin
Ban
A2
Holywood
Coalisland
BELFAST
A
B
C

113
118
D
E
F
17
18
19
20
Scarba
Carnassarie Castle
Kilmartin
Inveraray
Argyll Forest Park
Arrochar
Tarbet
Aberfoyle
Crinan
Dunadd Fort
Minard Castle
Crinan Canal
Loch-gilphead
Castle Lachlan
Ardrishaig
Ardlussa
Sound of Jura
Loch Fyne
Otter Ferry
Castle Sween
Knapdale
Jura
Tighna-bruaich
Colintraive
Tarbert
Portavadie
Kilberry Stones
Kenna-craig
Claonaig
Ardentinny
Kilcreggan
Dunoon
Gourock
Greenock
Port Glasgow
Innellan
Wemyss Bay
Rothesay
Bute
Millport
Largs
Loch Lomond
Drymen
Helensburgh
Alexandria
Dumbarton
Clydebank
Johnstone
PAISLEY
Barrhead
GLASG
Kilbirnie
Beith
Dalry
Stewarton
Kilwinning
East Kilbride
W. Kilbride
Lochranza
Arran Dist.
Brodick Castle
Arran
Brodick
Lamlash
Blackwaterfoot
Dippen
Kilbrannan Sound
Tayinloan
Carradale
Kintyre
Springbank, Glengyle, Glen Scotia Dist.
Campbeltown
Southend
Ardrossan
Saltcoats
Irvine
Kilmarnock
Galston
Troon
Mauchline
Prestwick
Ayr
Alloway
Cumnock
Firth of Clyde
Culzean Castle
Maybole
Turnberry
Dalmellington
Straiton
Girvan
Loch Doon
Pinwherry
Barrhill
Ballantrae
Bargrennan
Clatteringshaws Loch
South
New Galloway
Mossdale
Kirkcolm
Cairnryan
Challoch
Newton Stewart
Castle Kennedy Gdns.
Stranraer
Glenluce
Gatehouse of Fleet
Wigtown
Cardoness Castle
Portpatrick
Sandhead
Auchenmalg
Luce Bay
Wigtown Bay
Port William
Logan Gdns.
Whithorn
Drummore
Isle of Whithorn
Mull of Galloway
Burrow Head
North Channel
Island Magee
Donaghadee
Newtownards
Douglas
A82
A8
M8
A78
A77
A71
A76
A75
0
15 km
N
© MERIAN-Kartographie

A
B
C
114
117
21
22
23
24
Auchterarder
Cupar
Ceres
Ladybank
Falkland Palace and Gdns.
Falkland
Doune
Dunblane
Bridge of Allan
Dollar
Loch Leven
Kinross
Glenrothes
Leven
Methil
Buckhaven
Elie
Doune Castle
Alva
Stirling
Bannockburn
Lochgelly
Kirkcaldy
Kincardine
Dunfermline
Cowdenbeath
Burntisland
Killearn
Glengoyne Dist.
Denny
Grangemouth
Culross
Forth Bridges
Inverkeithing
Firth of Forth
North Berwick
Kilsyth
Falkirk
Bo-Ness
Hopetoun House
Kirkintilloch
St. Michael's Palace
Linlithgow
S. Queensferry
Gullane
Clydebank
Cumbernauld
St. Magdalene Dist.
Dalmeny Hse.
Lauriston Castle
Tranent
Coatbridge
Armadale
EDINBURGH
Pencaitland
Glenkinchie Dist.
GLASGOW
Airdrie
Whitburn
Dalkeith
Loanhead
MOTHERWELL
Humbie
Borthwick Castle, Crichton Castle
Hamilton
Wishaw
Pentland Hills
Penicuik
East Kilbride
Carluke
West Linton
Strathaven
Lanark
Carnwath
Blyth Bridge
Drochil Castle
New Lanark
Peebles
Lauder
Biggar
Tweed
Neidpath Castle
Innerleithen
Douglas
Galashiels
Melrose
Muirkirk
Tinnis Castle
Traquair House
Abbotsford House
Newark Castle
Mountbenger
Selkirk
St. Boswells
Cumnock
Crawford
New Cumnock
Elvanfoot
Cappercleuch
Uplands
Hawick
Sanquhar
Nith
Moffat
797
Newmill
Teviot
Bonchester Br.
Drumlanrig Castle
Beattock
Annan
Teviothead
Thornhill
Moniaive
Saughtree
Fiddleton
Esk
Lockmaben
Lockerbie
Langholm
Balmaclellan
Corsock
Glenkiln
Fallford
New Galloway
Shawhead
Dumfries
Crocketford
Liddel Wr.
Canonbie
Mossdale
Ruthwell
Castle Douglas
New Abbey
Caerlaverock Castle
Longtown
Annan
Gretna Green
Smithfield
Dalbeattie
Bowness-on-Solway
Brampton
Ringford
Silloth
CARLISLE
Kirkcudbright
Auchencairn
Abbey Town
Solway Firth
Eden
Thursby
Aspatria
Wigton
Maryport
Bothel
Plumpton
A84
A9
M90
A92
M9
M8
A8
A80
A1
A68
A7
A702
M74
A74
A701
A76
A75
A595
A596
M6

D
E
F
115
21
22
23
24
Nordsee
Crail
Anstruther
Pittenweem
Bass Rock
Tantallon Castle
East Linton
Dunbar
Hailes Castle
Cockburnspath
Gifford
Yester Castle
Abbey St. Bathans
Garvald
St. Abb's Head
Eyemouth
Duns Castle
Preston
Duns
Chirnside
Berwick-upon-Tweed
Thirlstane Castle
Greenlaw
Gordon
Earlston
Mellerstain House
Coldstream
Ancroft
A1
Holy Island (Lindisfarne)
Dryburgh
Floors Castle
Kelso
Dryburgh Abbey
Milfield
Belford
Bamburgh
Wooler
30
Jedburgh Abbey
Jedburgh
A68
815
Wooperton
Eglingham
Camptown
Alnwick
Netherton
Harbottle
Thropton
Rothbury
Warkworth
Amble
Felton
26
Byrness
Cottonshopeburn Foot
Otterburn
Kielder Res.
34
Ashington
Newbiggin-by-the-Sea
Morpeth
North Tyne
Ridsdale
A696
Cambo
34
Bedlington
Blyth
Belsay
Seaton Delaval
Bergen
Stavanger
NEWCASTLE-UPON-TYNE
Whitley Bay
Tynemouth
Chollerford
Greenhead
60
A69
A1
Prudhoe
South Shields
S. Tyne
Hexham
Corbridge
Jarrow
Gateshead
Lambley
Whitfield
ENGLAND
Stanley
SUNDERLAND
Washington
Alston
Derwent
Consett
Chester-le-Street
A19
Seaham
Lanchester
Houghton-le-Spring
Cowshill
0
5 km
N
© MERIAN-Kartographie

Zeichenerklärung
❍ Orte
△ Kap, Insel
▲ Gebirge
∞ Landschaft
~ Gewässer, Strand
★ Sehenswürdigkeit

Hier finden Sie alphabetisch aufgeführt alle in diesem Buch beschriebenen Orte und Ziele. Bei einzelnen Sehenswürdigkeiten steht jeweils der dazugehörige Ort in Klammern, bei Hotels steht zusätzlich die Abkürzung H für Hotel. Außerdem enthält das Register alle auf den Routen erwähnten Destillerien sowie alle MERIAN-Tipps und MERIAN-TopTen dieses Reiseführers.

Liebe Leserinnen und Leser,
wir freuen uns, Ihre Meinung zu diesem Reiseführer zu erfahren. Bitte schreiben Sie uns, wenn Sie Berichtigungen und Ergänzungsvorschläge haben oder wenn Ihnen etwas besonders gut gefällt:

TRAVEL HOUSE MEDIA GmbH, Postfach 86 03 66, 81630 München
E-Mail: merian-live@travel-house-media.de Internet: www.merian.de

DER AUTOR

Andreas Hofer, bis Mitte 2004 Betreiber eines Whiskyshops mit angeschlossener Bar in Bern, arbeitet als Leiter von Whiskykursen und zahlreichen anderen Veranstaltungen rund um den Whisky.

Die Kapitel »Schottland stellt sich vor«, »Gewusst wo ...« und »Wissenswertes über Schottland« basieren auf den Texten von **Julie Stewart** und **John Sykes**.

Alle Angaben in diesem Reiseführer sind gewissenhaft geprüft. Preise, Öffnungszeiten usw. können sich aber schnell ändern. Für eventuelle Fehler übernimmt der Verlag keine Haftung.

Bei Interesse an Karten aus MERIAN-Reiseführern schreiben Sie bitte an:
iPUBLISH GmbH, geomatics
Berg-am-Laim-Straße 47
81673 München
E-Mail: geomatics@ipublish.de

FOTOS

Titelbild: Glen Coe (Krinitz/laif); G. Aellig 82; M. Dlouhy 18/19, 27, 37, 40, 41, 46, 67, 89 r., 90 r., 91 l.; A. Hofer 25, 34, 72, 76, 78, 85; A. Mosler 4/5, 6, 9, 10/11, 12, 14, 21, 22, 49, 51, 57, 61, 63, 65, 69, 81, 86, 87, 89 l., 92/93; Transglobe Agency 32; E. Wrba 16, 56, 88

Alle übrigen Fotos mit freundlicher Genehmigung der dort beschriebenen Destillerien. Wir danken allen Rechteinhabern für die Erlaubnis zu Nachdruck und Abbildung. Trotz intensiver Bemühungen war es nicht immer möglich, alle Rechteinhaber zu ermitteln. Wir bitten diese, sich an den Verlag zu wenden.

PROGRAMMLEITUNG
Susanne Böttcher
REDAKTION
Claudia Engel, Sarah Tiskens
GESTALTUNG
wieschendorf.design, Berlin
KARTEN
MERIAN-Kartographie
PRODUKTION
Martina Müller
SATZ
H3A GmbH, München
DRUCK
Appl, Wemding
BINDUNG
Auer, Donauwörth
GEDRUCKT AUF
Luxosamtoffset von Schneidersöhne

1. Auflage
ISBN 3-7742-7192-5

TRAVEL HOUSE MEDIA

Ein Unternehmen der
GANSKE VERLAGSGRUPPE